O.W. BARTH ✷

Maren Schneider

ACHTSAM DURCH DEN ADVENT

Ruhig und gelassen bleiben in der Vorweihnachtszeit

O.W. BARTH ✦

Besuchen Sie uns im Internet:
www.ow-barth.de

© 2019 O. W. Barth Verlag
Ein Imprint der Verlagsgruppe
Droemer Knaur GmbH & Co. KG, München
Alle Rechte vorbehalten. Das Werk darf – auch teilweise – nur mit
Genehmigung des Verlags wiedergegeben werden.
Redaktion: Martina Darga
Covergestaltung: © PixxWerk®, München
Coverabbildung: Verwendung von Motiven von shutterstock.com
Illustrationen im Innenteil: Shutterstock.com:
DiViArt (Weihnachtliches), Pinchuk-Oleksandra und Koltukovs (Schneekristalle)
Satz: Adobe InDesign im Haus
Druck und Bindung: CPI books GmbH, Leck
ISBN 978-3-426-29297-6

2 4 5 3 1

Inhalt

Vorwort	9
EINSTIMMUNG	**11**
Der Advent	15
Warten auf das Licht – die Wintersonnenwende	17
Geweihte Nächte – die Zeit zwischen den Jahren	20
Der Adventskranz	21
Der Jahreskreis und seine Stationen	23
Was Sie in diesem Buch erwartet	25
Die Rolle der liebevollen Achtsamkeit	26
Vorbereitungen treffen	28
Den Adventsprozess durchleben	34
DER ADVENTSZYKLUS	**41**
1. Advent – Frühling	*43*
Reflexion über den Frühling und	
Entzünden der Frühlingskerze	46
Unterstützende Räucherung	48
Die Atem-Meditation – »Frische und Kraft einatmen«	49

Das Herz anfüllen – Freude	52
Freudvolle Momente in der ersten Adventswoche	55
2. Advent – Sommer	*58*
Reflexion über den Sommer und	
Entzünden der Sommerkerze	60
Unterstützende Räucherung	62
Die Dankbarkeitsmeditation	62
Das Herz anfüllen – Dankbarkeit	66
Momente der Dankbarkeit in der zweiten Adventswoche	69
3. Advent – Herbst	*72*
Reflexion über den Herbst und Entzünden der Herbstkerze	74
Unterstützende Räucherung	77
Meditation – Wertschätzung und Frieden schließen	78
Der »Nörgel-Stopp«	80
Das Herz anfüllen – Zuneigung und Liebe	83
Momente der Zuneigung in der dritten Adventswoche	86
4. Advent – Winter	*89*
Reflexion über den Winter und	
Entzünden der Winterkerze	91
Unterstützende Räucherung	93

Die Mitgefühlsmeditation – »Sich in Liebe halten«	94
Abschied nehmen – Loslass-Ritual	98
Herzenskraft verströmen	100
Die Wintersonnenwende	*104*
Die Feier des Lichtes	104
Indoor-Ritual	106
Die Sonnenwend-Meditation	107
Outdoor-Ritual	109
Weihnachtssegen	110

DIE RAUHNÄCHTE — 113

Eine Zeit voller Magie	115
Die Rauhnachtszeit – im Retreat und zu Hause	120
Vorbereitungen treffen	123
Anregungen zur Gestaltung der Rauhnächte	128
Die Rauhnächte Tag für Tag	134
Literatur	141
Zur Autorin	143

Vorwort

Heute ist ein trüber Tag, an dem es irgendwie gar nicht hell werden will. Die letzten Blätter hängen braun und nass vom nächtlichen Regen an den schwarzen Ästen. Gleich gibt es Frühstück, ich rieche schon den Kaffeeduft, der durch die Wohnung zieht. Es ist noch früh, während ich es mir hier vor meinem Computer gemütlich gemacht habe und mich sehr darauf freue, mit Ihnen gemeinsam durch diese schöne Zeit zu gehen. Eine Kerze verbreitet warmes, heimeliges Licht, und meine Katze hat sich vor mir auf meinem Schreibtisch zusammengerollt und seufzt im Schlaf.

Nun beginnt sie, die wundervolle Vorweihnachtszeit. Und ich freue mich jedes Jahr aufs Neue, wie ein kleines Kind, denn diese Wochen sind für mich so sehr mit Gemütlichkeit und heimeliger Wärme verbunden wie keine andere Zeit im Jahr.

Für manche Menschen fängt jetzt allerdings auch eine der stressigsten Perioden an, und sollten Sie gerade Ähnliches empfinden, so möchte ich Sie ganz besonders einladen, mit mir zusammen diese Zeit etwas ruhiger angehen zu lassen.

Seit vielen Jahren verlebe ich die Adventszeit auf meine ganz eigene Art und Weise – mit Meditationen, Achtsamkeit und kleinen Ritualen. Und es wuchs in mir die Idee, ein Buch darüber zu schreiben. Es sollte jedem, der auch gerne die Adventszeit für eine bewusste Ausrichtung auf das Weihnachtsfest und für mehr Besinnung und Stille nutzen möchte, Inspiration und Anleitung sein. Die Zeit war reif, insbesondere, da ich bereits das Buch *Achtsam durch die Rauhnächte* geschrieben hatte, welches sich sehr großer Beliebtheit erfreut, und viele Leser den Wunsch an mich herantrugen, etwas Ähnliches für die Adventszeit zu schreiben. Und so freut es mich außerordentlich, Sie nun auch achtsam durch den Advent begleiten zu dürfen.

Damit dieses Buch so authentisch wie möglich ist, werde ich es in der anstehenden Adventszeit schreiben und während des Schreibens die jeweilige spürbare Zeitqualität der Adventssonntage und -wochen aufgreifen. Da jeder Mensch eigene Erfahrungen macht und Prozesse auf seine Weise durchlebt, möchte ich Sie einladen: Lassen Sie diese Kapitel und die Übungen darin einfach eine Inspiration für Sie sein, und wählen Sie das aus, was für Sie gerade stimmig ist. Alles, was nicht passt, lassen Sie weg oder ersetzen es durch eigene Ideen, die Ihren Bedürfnissen und Empfindungen besser entsprechen.

Ich wünsche Ihnen von Herzen eine warme, lichtvolle und im wahrsten Sinne zauberhafte Vorweihnachtszeit!

Ihre Maren Schneider

EINSTIMMUNG

Gleich zu Beginn möchte ich Sie zu einer kleinen ersten Reflexion einladen. Bitte nehmen Sie sich etwas Zeit, und lassen Sie die folgenden Fragen wirken. Wenn Sie mögen, schreiben Sie sich dazu den einen oder anderen Gedanken auf.

- Was bedeutet diese Zeit für Sie?
- Was verbinden Sie mit dem Dunklerwerden der Tage?
- Was löst das in Ihnen aus?
- Was erfreut Sie in dieser Zeit?
- Was ist Ihnen in dieser Zeit besonders wichtig?
- Worauf möchten Sie in diesem Advent gerne achten?

Sich bewusst zu sein, was die Zeit bedeutet und was uns selbst dabei wichtig ist, kann uns sehr helfen, unseren Fokus zu halten. Wie oft lassen wir uns ablenken und von allem, was wir zu tun haben, völlig mitreißen. Plötzlich ist der 24. Dezember da, und es fühlt sich wieder mal so an, als wäre Weihnachten überraschend vom Himmel gefallen.

Damit das in diesem Jahr anders wird, kann es uns sehr helfen, uns bewusst auf den Advent einzustimmen. Wir können uns darüber klar werden, wie wir diese Zeit verbringen möchten, und versuchen, uns ein wenig Raum dafür in unserem Kalender zu schaffen. Eine echte Unterstützung ist es auch, wenn wir uns an den eigentlichen Sinn dieser Zeit wieder erinnern.

Der Advent

Die wundervolle Zeit, in die wir uns nun hineinbegeben, hat eine lange Geschichte und eine sehr tiefe Bedeutung. Leider können die wenigsten Menschen dies heute noch so richtig spüren. Es wirkt eher, als wäre die Adventszeit allein von Konsumwahnsinn und Hektik bestimmt. Kein Wunder, kaum sind die Sommerferien vorbei, tauchen schon die ersten Plätzchen und Schokoweihnachtsmänner in den Regalen auf, was bei dem einen ein genervtes Augenrollen und dem anderen heimliche Hamsterkäufe provoziert. All dies steigert sich in den Wochen vor Weihnachten zu einem Durcheinander an nasskaltem Schmuddelwetter, viel zu viel Arbeit, schlechtem Gewissen (da man ja diese Zeit eigentlich netter gestalten wollte) und der Hektik, vor dem Fest noch alles Erdenkliche fertigzubekommen. Von Besinnlichkeit und Einkehr ist eher selten die Spur, ganz zu schweigen von dem Gefühl, dass dies ursprünglich eine magische Zeit freudiger Erwartung war.

Davon zeugt noch das dem Lateinischen *adventus* entlehnte Wort »Advent«, was »Ankunft« bedeutet und dessen Wurzeln auf den griechischen Begriff *epipháneia* zurückgehen, der eine »Erscheinung« oder auch die »Ankunft des Göttlichen« bezeichnete. Und wie das so ist, wenn sich ein göttlicher Gast ankündigt, brauchen wir etwas Zeit, um ihm einen würdigen Empfang zu bereiten und selbst auch innerlich bereit zu sein.

Und gerade das ist der Hintergrund dieser Vorbereitungszeit. Insbesondere in einer Zeit, in der die Tage und Wochen nur so dahinzurasen scheinen, lädt uns der Advent ein, bewusst einen Gang zurückzuschalten, zur Besinnung zu kommen, eben damit wir nicht wieder das Gefühl haben, dass Weihnachten inmitten der ganzen hektischen Geschäftigkeit plötzlich da ist und wir noch so gar nicht in Stimmung sind.

Früher war der Advent sogar eine Fastenperiode, die ähnlich wie die Fastenzeit vor Ostern als sogenannte »geschlossene Zeit« galt, in der es um Sammlung und Besinnung ging und möglichst keine Ablenkungen und Zerstreuungen wie wilde Feste oder Gelage stattfinden sollten.

Was für einen Gegensatz erleben wir dazu heute: Plätzchen, Schokolade und Weihnachtsessen mit Freunden und Arbeitskollegen haben Hochkonjunktur und bescheren uns so einige Pfunde mehr auf den Hüften – einmal ganz abgesehen von der fehlenden Sammlung.

Doch vielleicht wird diese Adventszeit für Sie etwas mehr von dem bereithalten, was die Menschen früher mit dem Advent verbanden.

Warten auf das Licht – die Wintersonnenwende

Der Advent gehört fest zu unserem christlich geprägten Kulturgut und ist daraus kaum noch wegzudenken. Allerdings liegen seine Wurzeln nicht allein im Christentum. Viele der heute noch praktizierten Bräuche haben ihren Ursprung in den vorchristlichen naturbezogenen Traditionen. Denn schon vor der Ausbreitung des Christentums wartete man zu dieser Zeit sehnsüchtig auf die Wiederkehr des als göttlich angesehenen Sonnenlichts. Und so war das Weihnachtsfest in allen indogermanischen Regionen und auch anderorts als Sonnenfest verbreitet. Bei den Germanen und Kelten war dieses Fest als *Jul* oder *Yule* bekannt, das Fest der Wintersonnenwende. Auch die Griechen feierten die Geburt des Lichtgottes Soter und die Römer die Ankunft Mithras, ihres Licht- und Sonnengottes.

Für die Menschen damals war dies ein sehr wichtiges Freudenfest und hatte eine tiefe existenzielle Bedeutung. In längst vergessenen Zeiten gab es keine Supermärkte, Gewächshäuser und Kühlschränke, und unsere Vorfahren lebten nur von dem, was sie der Natur abrangen. Wenn wir uns da hineinversetzen, dann bekommen wir eine vage Ahnung davon, was es heißen mag, wenn die Wärme der Sonne schwindet, sich die Natur in die Erde zurückzieht und es nicht mehr viel Essbares gibt bis auf spärliche Vorräte oder das, was sich noch sammeln lässt.

Wenn in der Dunkelheit und Kälte des Winters nichts mehr gedieh, breiteten sich Hunger und Krankheit aus. So sehnten die Menschen damals verständlicherweise das Sonnenlicht herbei und feierten seine Wiederkehr. In unserer Zeit brauchen wir nur die Heizung anzustellen und können zum nächsten Supermarkt mit dem Auto fahren, um unseren Kühlschrank zu füllen. Daher verlieren wir leicht den Bezug zu den natürlichen, existenziellen Vorgängen.

Die Sonne war für unsere Vorfahren eine tief verehrte Göttin, denn sie war (und ist noch heute) unsere Lebensspenderin. Sie brachte mit ihrem Licht und ihrer Wärme die Fruchtbarkeit zurück ins Land und sicherte damit das Leben. Auch wir erleben, was das abnehmende Licht mit uns im Winter macht: Unser Immunsystem verliert seine Kraft, Erkältungen nehmen zu, wir werden müde und manchmal sogar schwermütig. Wenn wir uns daran erinnern, wird schnell klar, dass die Sonne als Lebens- und Wärmespenderin schmerzlich in der dunklen Jahreszeit des Winters und der Kälte vermisst wird und es ein wahres Freudenfest ist, wenn sie wiederkommt.

Doch das passiert nicht erst mit Beginn der Adventszeit. Bereits Ende Oktober beginnt mit dem Totenfest *Samhain* (vielen als Halloween bekannt) die dunkle Zeit des Jahres. Der Überlieferung nach wurden zu dieser Zeit Boten auf die Berge gesandt, um nach der wiederkehrenden Sonne Ausschau zu halten. Am 21. Dezember, dem Tag der Sonnenwende, ist es dann so weit. Das Wunder geschieht, und das Licht kehrt wieder zurück.

Erst erscheint es, als würde die Dunkelheit siegen, doch genau am dunkelsten Punkt des Jahres wird die Sonne wiedergeboren. Die Wiederkehr der Sonne wurde mit einem Freudenfest, mit Julfeuern und brennenden, ins Tal rollenden Rädern kräftig und ausgelassen über mehrere Tage mit regelrechten Festgelagen gefeiert.

Wen wundert es, dass auch Christi Geburt auf diese Tage gelegt wurde (sein wirklicher Geburtstag ist unbekannt) und an diesen Tagen gefeiert wird. Schließlich gilt auch seine Geburt als die Wiederkehr göttlichen Lichtes auf die Erde. Geboren in tiefster Dunkelheit, unter einfachsten Bedingungen in einem Stall, ereignete sich das ewige Wunder des neuen Lebens.

Wie immer wir es betrachten mögen, ob christlich oder naturbezogen, es sind heilige geweihte Nächte, auf die wir uns durch die Adventszeit – das Warten in der Dunkelheit – einstimmen.

Geweihte Nächte – die Zeit zwischen den Jahren

Mit der Weihnacht – wihen naten, wie es im Altdeutschen heißt – beginnen die zwölf heiligen Nächte (Die Zwölften), die als Weihnachtszeit gelten. In der christlichen Tradition feierte in dieser Zeit die heilige Familie das Wunder der Ankunft des Sohnes Gottes, seine Geburt wurde durch Engel verkündet und Jesus schließlich durch die Ehrerbietung der Heiligen Drei Könige als König der Könige bezeugt. Aus vorchristlicher Zeit ist für den gleichen Zeitraum der alte Brauch der Rauhnächte, auch Rauchnächte genannt, überliefert.

Ganz gleich, welcher Überlieferung wir folgen, die auf die Adventszeit folgende Weihnachtszeit ist wie eine magische Zwischenzeit, die viele Menschen intuitiv als sehr besonders erleben. Von jeher gilt für diese Zeit die Empfehlung, das Tagewerk einmal ruhen zu lassen, mit der Familie in der warmen Stube zusammenzurücken, sich zu besinnen und die Wiederkehr des Lichtes (in welcher Form auch immer) zu ehren.

Der Adventskranz

Zur Adventszeit gehört für uns einfach der Adventskranz dazu. Auch dieser Kranz hat schon eine lange Geschichte vorzuweisen, denn er geht zurück auf den alten Brauch des Jul-Kranzes – dem Symbol des ewigen Lebensrades, des Kreislaufes der Natur –, der auch ein Sonnenrad darstellte.

Das Immergrün der Zweige ist ein Symbol für die Hoffnung und das ewige Leben, das auch den Winter überdauert. Jede Kerze steht dabei für eine Himmelsrichtung und eine Jahreszeit, denen jeweils eines der Elemente Erde, Feuer, Wasser und Luft zugeordnet ist. Geschmückt wurde der Kranz mit den überlieferten Farben des Lichtes und der Lebendigkeit: lichtvolles Gold und das Rot des Feuers, der Fruchtbarkeit und der Lebenssäfte.

Im Christentum geht der Gebrauch des Adventskranzes wohl auf den evangelisch-lutherischen Theologen und Erzieher Johann Hinrich Wichern zurück. Er wollte Waisenkindern die Zeit bis Weihnachten verkürzen und fertigte den Kranz aus einem schlichten Wagenrad, bestückte ihn mit 20 kleinen roten und vier großen weißen Kerzen, wobei die großen Kerzen den Adventssonntagen vorbehalten waren und die kleinen roten Kerzen für die gewöhnlichen Werktage standen. Das war im Jahre 1839. Erstmalig wurde 1925 ein Adventskranz in einer katholischen Kirche aufgehängt, und zwar in Köln. Fünf Jahre später dann auch in München, und so gehört der Kranz seitdem offiziell auch zum christlichen Vorweihnachtsbrauch.

Unabhängig von unserer religiösen Ausrichtung bietet uns der Kranz verschiedene wundervolle Auslegungsmöglichkeiten, sodass jeder für sich eine passende Entsprechung finden kann. So ist die Zunahme des Lichtes auf dem Kranz das Symbol der freudigen Erwartung auf das neue Licht, welches durch Christi Geburt als Licht der Welt in unser Leben tritt, genauso wie die Sonne inmitten der Dunkelheit wiedergeboren wird und die Kälte und Hoffnungslosigkeit vertreibt. Der Kranz ist Sinnbild für die Zyklen der Natur, das ewige Leben, die Liebe und das Licht, welche selbst den Tod und die Dunkelheit überdauern, und er steht dafür, dass sich das Leben immer wieder erneuert.

Der Jahreskreis und seine Stationen

Schauen wir uns die Zyklen der Natur an, erkennen wir, dass alles immer wieder von Neuem beginnt und dem immerwährenden Prozess von Werden und Vergehen unterliegt. Frühling, Sommer, Herbst und Winter strukturieren unser Jahr. Mit den Jahreszeiten sind besondere Feste verbunden, wie Ostern im Frühling, Johanni oder Mittsommer im Sommer, Erntedank im Herbst und Weihnachten oder Jul im Winter, die uns die besondere energetische Qualität verdeutlichen können. Jede einzelne Jahreszeit birgt besondere Erfahrungen und Kräfte, die sich nicht nur in der äußeren Natur zeigen, sondern auch in uns wirksam sind und unser gesamtes Leben widerspiegeln können: Frische und Neubeginn im Frühling, Lebenslust im Sommer, Fülle und Dankbarkeit im Herbst und die Einkehr in die Ruhe im Winter. Wie unsere gesamte Lebensspanne sind auch all unsere Projekte durch diese Energien von Geburt, Heranwachsen, Lebensmitte, Altern und Sterben geprägt. Lernen wir, mit diesen Zyklen achtsam und im Einklang ihrer jeweiligen Kräfte und Energien zu leben, lernen wir, im Einklang mit unserer natürlichen Lebenskraft zu gehen und weniger gegen die Zyklen des Lebens unnötig anzukämpfen. So werden wir in der Lage sein, was immer gerade geschieht, leichter annehmen und durchleben zu können, die Geschenke und Segnungen (die nicht immer gleich als solche offensichtlich sind) mehr und mehr zu würdigen wissen und sanfter, ja auch ökonomischer mit uns und unserem Umfeld umzugehen. Wir brauchen nicht mehr zu verzweifeln, wenn wir im Winter müde und rückzugsbedürftiger werden. Alles hat seine Zeit. Die Jahresfeste können uns helfen, diese besonderen Zeiten bewusster zu erleben. Doch diese Zeiten sind nicht scharf voneinander abgegrenzt. Sie gehen sanft ineinander über. Und so befinden wir uns mit der Adventszeit im Übergang vom Herbst in den Winter. Die Adventszeit aufmerksam und achtsam zu gestalten ermöglicht es uns, behutsamer in den Winter zu gleiten und all das, was in diesem Jahr gewesen ist, noch einmal bewusst Revue passieren zu lassen. Wir können die Geschenke und Segnungen, aber auch die Herausforderungen und Verluste des ausklingenden Jahres würdigen, Frieden im Herzen schaffen und schließlich in diesem Zustand in die Weihnachtsfeiertage gehen.

Was Sie in diesem Buch erwartet

Wie Sie nun vielleicht etwas deutlicher sehen können, ist dies wahrlich eine besondere Zeit, in der es sich sehr lohnen kann, durch die Dunkelheit dem Licht entgegenzugehen. Die folgenden Kapitel sollen Sie dabei unterstützen, die Adventszeit so achtsam wie möglich zu gestalten. Jedes Kapitel ist einem Adventssonntag und der dazugehörigen Woche gewidmet. Ich werde Ihnen jeweils neben einer kurzen Einstimmung auch Vorschläge für Rituale und Meditationen machen, die Ihnen helfen können, zur Ruhe zu kommen, Ihr Jahr und die Kräfte, die darin wirksam waren, noch einmal zu würdigen und den Advent etwas bewusster zu begehen. Damit die Vorbereitung auf die Ankunft des Lichtes zu seiner Vollendung kommt, begleite ich Sie auch durch die Sonnenwende und gebe Ihnen zum Ende des Buches mit einem Kapitel über die Rauhnächte Inspiration und eine kurze Anleitung, wie Sie die Rauhnachtszeit intuitiv begehen können. Die Meditationen im Buch finden Sie von mir gesprochen auch auf der beiliegenden CD.

Während die Adventszeit uns die Gelegenheit gibt, unser sich dem Ende zuneigendes Jahr mit allen seinen Erlebnissen und Kräften bewusst zu würdigen, geht es in der Rauhnachtszeit darum, das vergangene Jahr abzuschließen und sich auf das kommende Jahr energetisch vorzubereiten. So schließt sich der Kreis, und wir können, innerlich gestärkt und geklärt, bewusst in den neuen Jahreszyklus starten.

Die Rolle der liebevollen Achtsamkeit

Achtsamkeit schafft in uns die Fähigkeit, gesammelt und präsent in unserer Mitte zu bleiben. Sie ermächtigt uns, Prioritäten zu setzen und selbst zu entscheiden, was unsere Aufmerksamkeit bekommt und was nicht. Gerade in Zeiten vielfältiger Anforderungen und Ablenkungen kann Achtsamkeit uns helfen, inmitten des Trubels zentriert, sanft und liebevoll zu bleiben. Achtsamkeit und Mitgefühl sind untrennbar miteinander verbunden. Damit Sie einen Geschmack dieser hilfreichen Fähigkeit bekommen, werden Sie Woche für Woche kleine Übungen und Meditationen zu Achtsamkeit und Mitgefühl kennenlernen. Diese stärken unsere klare Ausrichtung und sanfte, liebevolle Präsenz, unsere Verbindung zu uns selbst und unserer Umgebung. Das wiederum kann uns helfen, friedlicher und freundlicher mit uns und anderen umzugehen. Auch werden wir so empfänglicher für den wahren Sinn von Weihnachten, was vor allem wohltuend ist, wenn alle Menschen in Hektik verfallen und es nur noch um Kommerz zu gehen scheint.

Mit der liebevollen Achtsamkeit wird der Advent zu einer tief nährenden Herzenszeit, die weit über diese Wochen hinausstrahlt. Vielleicht sind Sie noch gar nicht so richtig in Adventsstimmung, möglicherweise graust es Ihnen sogar ein wenig vor dieser Zeit. Doch wenn Sie die Übungen machen, werden Sie merken, wie Sie ruhiger und innerlich sanfter und zufriedener werden und Ihr Licht im Herzen wieder nähren und strahlen lassen können.

Die Meditationen unterstützen Sie darin, Ihre Fähigkeiten der Sammlung, Klarheit und Ausrichtung zu stärken und dadurch diese wunderschöne und doch für viele Menschen sehr stressige Zeit bewusster und ruhiger zu genießen.

Die Anregungen und Übungen in diesem Buch sind nicht an eine Religion gebunden. Bitte fühlen Sie sich frei, Ihr eigenes spirituelles Verständnis in sie einfließen zu lassen, sie nach Ihrem Bedürfnis zu ergänzen und nur das für sich zu übernehmen, was Ihnen Freude macht und Ihnen entspricht.

Vorbereitungen treffen

Damit Sie die Adventszeit für sich gut nutzen können, empfehle ich Ihnen, sich darauf ein wenig vorzubereiten. Insbesondere wenn Sie in der Zeit schon einiges vorhaben, noch Projekte abschließen oder sich um Ihre Familie kümmern müssen, kann es sehr hilfreich sein, wenn Sie bereits im Vorfeld schon ein paar Dinge organisiert haben. Am besten orientieren Sie sich an den folgenden Tipps.

Einen Meditationsplatz und eine Besinnungsecke einrichten

Richten Sie sich einen kleinen Zufluchtsort ein, einen Meditations- oder Rückzugsplatz, an dem Sie zur Ruhe kommen können und sich geborgen und wohlfühlen. Machen Sie es sich dort richtig behaglich. Statten Sie ihn je nach Ihren Möglichkeiten mit einer warmen Unterlage, einem Meditationskissen, -bänkchen, -hocker oder einem einfachen Stuhl aus. Legen Sie sich auch eine warme Decke zum Umlegen bereit.

Was einigen Menschen noch stärker das Gefühl vermittelt, sich einer spirituellen Praxis zu widmen, und der Meditationspraxis mehr Tiefe geben kann, ist eine kleine Besinnungsecke – auch Altar genannt. Hier können Sie nach Lust und Laune Kerzen und Räucherwerk entzünden, ein schönes Gesteck hinstellen oder irgendetwas anderes, was Ihnen das Gefühl gibt, mit einer wohlmeinenden spirituellen Segenskraft verbunden zu sein. Die Besinnungsecke kann sehr einfach gestaltet sein. Ein kleiner Beistelltisch oder ein Platz auf der Fensterbank oder Kommode eignen sich dafür hervorragend. Stellen Sie dort das auf, was für Sie in dieser Zeit wichtig und inspirierend ist, was immer Ihnen das Gefühl der Verbundenheit mit heilsamen Kräften gibt und Ihrem Empfinden von Sammlung und adventlicher Festlichkeit entspricht.

Sollten Sie, aus welchen Gründen auch immer, keinen festen Platz einrichten können und Ihren Platz immer wieder wechseln müssen oder wollen, dann arrangieren Sie die ausgewählten Gegenstände am besten auf einem tragbaren Tablett, das Sie immer dorthin mitnehmen, wo Sie sich gerade aufhalten. Oder Sie installieren gleich in mehreren Räumen kleine Besinnungsecken. Falls Sie sich Gedanken darüber machen, ob andere das befremdlich finden könnten, kann ich Sie beruhigen. Für die meisten sieht es aus wie Weihnachtsdekoration. Da steht eine Kerze, ein weihnachtliches Gesteck, ein Räuchermännchen oder Stövchen, so wie es in vielen Haushalten um diese Zeit zu finden ist. Dass es für Sie ein kleiner Ritualplatz ist, braucht keiner zu wissen.

Versuchen Sie, Ihr Zuhause während dieser Zeit so sauber und aufgeräumt wie möglich zu halten. Das hilft dem Geist, zur Ruhe zu kommen und sich klarer auszurichten.

Was Sie für die Adventsrituale brauchen

Adventskranz

Besorgen Sie sich einen richtig schönen Adventskranz. Wenn Sie den Kranz selber winden, können Sie ihn genau so gestalten, wie Sie ihn schön und für sich berührend finden. Es gibt aber auch viele zauberhafte Kränze zu kaufen. Wichtig ist – wie Sie ein paar Seiten vorher lesen konnten –, dass es wirklich ein Kranz aus immergrünen Zweigen und mit vier roten Kerzen ist: eine Kerze für jede Himmelsrichtung beziehungsweise jede Jahreszeit. Wenn Sie mögen, können Sie statt der roten Kerzen auch unterschiedliche Farben wählen, die Sie mit den jeweiligen Jahreszeiten in Verbindung bringen.

Alternativ können Sie auf jede Kerze ein Symbol ritzen, welches die jeweilige Jahreszeit oder das jeweilige Element symbolisiert. Also ein Symbol für den Frühling, den Osten und die Luft, für den Sommer, den Süden und das Feuer, für den Herbst, den Westen und das Wasser, für den Winter, den Norden und die Erde. Ich ritze diese Symbole mit einem sauberen und scharfen Küchenmesser in die Kerze. Richten Sie den Kranz anschließend dann mit den Kerzen an den Himmelsrichtungen aus.

Wir werden jeden Sonntag vor dem Entzünden der Kerze ein kleines Besinnungsritual durchführen. Wenn Sie mit anderen zusammen in Ihrem Haushalt leben und Sie sich unwohl damit fühlen, dieses Ritual mit Ihrer Familie zusammen zu machen, oder Ihre Familie, Ihr Partner oder Ihre

Partnerin ein Besinnungsritual vor dem Entzünden der Kerze befremdlich findet, dann können Sie sich zusätzlich zum Familien-Adventskranz einen kleinen Ritual-Adventskranz für Ihren Altar herstellen. Schauen Sie, was sich hier stimmig für Sie anfühlt. Folgen Sie Ihrem Bedürfnis und inneren Gefühl.

Räucherwerk

Was Sie sonst noch in der Zeit brauchen werden, ist etwas Räucherwerk: insbesondere getrockneten weißen Salbei, der entweder lose oder als kleines oder größeres Räucherbündel (sogenannte »Smudge-Sticks«) erhältlich ist. Haben Sie zusätzlich etwas echten Weihrauch, Rosenblätter, Lavendelblüten, Rosmarin und kleine trockene Tannenzweige in Ihrem Räuchervorrat. Nelken, Kardamom, Anis und Zimt sowie getrocknete Orangenschalen können ebenfalls interessant sein. Im Handel gibt es speziell für die Advents- und Weihnachtszeit zusammengestellte Räuchermischungen (siehe Empfehlungen am Ende des Buches), die perfekt aufeinander abgestimmte Kräuter, Gewürze und Harze beinhalten. Alternativ können Sie auch natürliche Räucherstäbchen nutzen oder Räucherkegel für das Räuchermännchen. Gehen Sie hier nach Ihren Vorlieben, und wählen Sie einen Duft, den Sie als angenehm empfinden.

Für das Räuchern benötigen Sie außerdem ein Räucherstövchen oder alternativ spezielle Räucherkohle und eine feuerfeste Schale, die Sie mit etwas Sand befüllen und dann auf einen hitzebeständigen Teller stellen.

Aus meiner eigenen Erfahrung kann ich sagen, dass ich von Räucherkohle komplett abgekommen bin und nur noch mit einem Räucherstövchen arbeite oder eben ein Kräuterbündel direkt anbrenne und damit unmittelbar räuchere. Das Stövchen, das nur mit einem Kräutersieb oder einer Harz-Schale ausgerüstet ist, lässt den Duft der Kräuter oder der Harze fein verströmen. Mit Kohle wird es oft sehr »rustikal« räucherig. Achten Sie bitte auch auf Ihre installierten Rauchmelder, sie können je nach Räucherintensität anschlagen.

Kleine Räucheranleitung

Räuchern ist einfach, dennoch kann es hilfreich sein, das eine oder andere zu berücksichtigen:

Räuchern mit Kohle: Entzünden Sie ein Stück Räucherkohle, und legen Sie es auf das Sandbett Ihrer Räucherschale. Lassen Sie die Kohle verglimmen, bis die Außenseite weiß aschig ist. Nun geben Sie etwas Räucherwerk auf die Kohle.

Räuchern auf dem Stövchen: Entzünden Sie ein Teelicht, und stellen Sie es ins Stövchen. Nun geben Sie etwas Räucherwerk auf das Sieb. Je weiter Sie es auf den Rand schieben, umso feiner ist der Duft und umso geringer die Rauchentwicklung. Gerade bei Blüten und feinen Kräutern oder Harzen empfinde ich dies persönlich am angenehmsten, da die Kräuter oder Harze nicht verkohlen, sondern ihr Aroma sanft freigeben.

Räuchern mit Kräuterbündel (Smudge-Stick): Zünden Sie das vordere Ende des Bündels an, lassen Sie es kurz anbrennen und dann pusten sie es vorsichtig aus, sodass das Bündel nur noch glimmt. Durch die Glut entsteht nun ein kräftiger, reiner Kräuterrauch. Sie können das Bündel am hinteren Ende festhalten und sich beispielsweise damit abräuchern oder durch Ihre Räume gehen. Sie können es aber auch in eine Schale geben und glimmen lassen, bis es von selbst ausgeht oder Sie es gerne löschen möchten. Zum Löschen drücken Sie es in Sand vorsichtig und wertschätzend aus, oder Sie schneiden den glimmenden Teil mit einer Schere ab und lassen ihn in der Schale weiter ausglimmen. So können Sie das Kräuterbündel über mehrere Tage nutzen, bis es aufgebraucht ist.

Notizbuch

Da wir uns jede Woche mit verschiedenen Fragen auseinandersetzen und kleine Beobachtungsübungen durchführen werden, empfehle ich Ihnen, sich ein schönes Notizbuch oder Journal zuzulegen. Das Schreiben, insbesondere per Hand, vertieft die eigene Erkenntnisfähigkeit und hilft, für uns Wichtiges mehr im Blick zu haben, als wenn wir es rein mental in uns bewegen.

Den Adventsprozess durchleben

Der Advent ist – genauso wie die anschließenden Rauhnächte – eine sehr sensible Zeit. In den dunkler werdenden Tagen des Advents erwacht mehr und mehr unsere Intuition. Und während es draußen mit der zunehmenden Dunkelheit meistens auch immer kälter wird, können wir diese Zeit nutzen, um innen, in unserem Herzen, ein wärmendes Licht zu entzünden und es in die Welt leuchten zu lassen.

Alles, was Sie in diesem Buch finden, sind Vorschläge, wie Sie die Qualität dieser Zeit des Jahres für sich selbst erlebbar machen können. Es geht nicht darum, konkreten Ablaufplänen für die kommenden Wochen zu folgen oder sich zu einem bestimmten Glauben zu bekennen. Vielmehr möchte ich Sie mit den Anregungen, Meditationen und Reflexionen in Ihr eigenes spirituelles Erleben begleiten, sodass Sie sich bereit fühlen für den Segen der Weihnacht, die Wiederkehr des Lichtes – auf die Ihnen ganz eigene Art und Weise.

Dem Licht auf der Spur – eine Reise durch das Jahr

Diesen Adventsprozess habe ich als eine Reise durch Ihr vergangenes Jahr gestaltet. Es soll Ihnen die Möglichkeit geben, Ihr Jahr noch einmal Revue passieren zu lassen, sich der Segnungen und schönen Momente Ihres Jahres bewusst zu werden, sie in sich als Geschenke zu spüren, die auch jetzt noch in Spuren in Ihnen wirksam sind und Sie geprägt haben.

Es gilt jedoch auch, die schwierigen Momente zu würdigen – selbst wenn Sie oft ungewollt waren und gar Schwere in unser Leben brachten. Meist können wir erst in der Rückschau erkennen, dass wir dadurch etwas Wichtiges lernen, entwickeln oder erfahren konnten. Ich möchte schwere Zeiten und Schicksalsschläge nicht schönreden. Doch fast nie würdigen wir unsere eigene Stärke, Lernfähigkeit und Durchhaltekraft, die diese Situationen uns abverlangt haben. Wenn wir nur bei dem Dunklen und Schrecklichen des Erlebten verharren oder versuchen, es krampfhaft zu verdrängen, verpassen wir den hellen und kräftigenden Aspekt der Geschehnisse: Menschen, deren Fürsorge wir erfahren durften, Seelenstärke, Fähigkeiten und Erfahrung, die wir gewonnen haben, Lebensveränderungen, die uns erst ängstigten und nun unser Leben doch verbessert haben. Ja, wir müssen manchmal auch Verluste erleben, und in der äußeren Welt sind diese Menschen oder Tiere nicht mehr da. Doch in uns, in unserer Erinnerung und unseren Herzen, begleiten sie uns weiter.

Der Adventsprozess gibt uns die Gelegenheit, all das, was geschehen ist, tief zu integrieren und ihm seinen würdigen Platz zu geben. Wir können uns der Kraft und der Segnungen, die den Geschehnissen innewohnen, bewusst werden und sie auf unserem Weg durch die Zeit als Ressourcen nutzen. Das Licht außen mag schwinden, doch je weiter wir uns durch die

Erinnerungen auf dem Advents-Jahreskranz bewegen, desto mehr sammeln wir das Licht unseres Jahres in uns an, sodass wir am Ende der Adventszeit erkennen können, dass das Licht in uns immer da war und wir nun mit einem gut gefüllten Herzen Weihnachten feiern können. Ja, vielleicht sind wir dann sogar viel bewusster und inniger verbunden mit unseren Lieben, die uns noch oder wieder umgeben, aber auch mit denen, die nicht mehr physisch an unserer Seite sind.

Die Reflexionen, Räucherungen und Meditationen, die Sie in diesem Buch finden, führe ich seit langer Zeit durch. Meiner Erfahrung nach unterstützen sie die Verinnerlichung und schaffen einen geschützten Raum für die Prozesse der Bewusstwerdung und Heilung in uns. Dabei sind sie alles andere als kompliziert, neu oder spektakulär. Im Gegenteil: Je einfacher und herkömmlicher sie sind, umso besser können wir uns darin entspannen, sie im Alltag leben und uns mit dem jeweiligen inneren Prozess auseinandersetzen. Sollten Sie bereits Bücher von mir gelesen haben, werden Sie in diesem Buch zum Teil entspannend Bekanntem begegnen und erfahren, wie Sie es wohltuend auch in dieser besonderen Zeit anwenden können. Wenn Sie noch nie etwas von mir gelesen haben und auch mit Meditationen noch keine Berührung hatten, werden Sie hier alles finden, was Sie brauchen, um auf leichte Weise damit anzufangen.

Außerdem werden Sie für den Alltag Wahrnehmungsübungen finden, die Ihnen helfen können, sich der Fülle und den nährenden Aspekten Ihres Lebens bewusst zu werden.

Ein typisches Adventsbuch, das mit Plätzchenrezepten, Liedertexten und Bastelanleitungen daherkommt, ist dieses Buch also nicht. Davon gibt es schon genügend. Vielmehr soll es ein alternativer Vorschlag sein, die Adventszeit bewusst als inneren Ganzwerdungsprozess zu gestalten. Der Adventskranz als Sinnbild des Jahreskreises mit seinen vier Jahreszeiten Frühling, Sommer, Herbst und Winter bietet uns ein Gerüst, um das Jahr etappenweise zu reflektieren. Achtsamkeit und Meditationen helfen uns, mehr Klarheit, Sammlung und Ausrichtung zu kultivieren, sodass wir zu uns zurückfinden, uns stabilisieren und Ruhe inmitten dieser bewegten Zeit finden können.

Der Ablauf

Ich habe diesen Adventsprozess als eine Art Alltags-Retreat gestaltet. »Retreat« bedeutet »in Rückzug gehen«. Sich völlig zurückzuziehen ist für die meisten von uns nicht möglich, und bekanntlich ist gerade in der Adventszeit unser Tagwerk eher hektisch. Daher möchte ich Sie inspirieren, Ihr Retreat in den Alltag zu tragen und nur mit ein paar kleinen Änderungen im Tagesablauf oder einer bewussteren inneren Geisteshaltung diesen Rückzug für sich im Alltagsgeschehen zu etablieren. Damit dies gelingt, lege ich Ihnen ans Herz, es sich gleich am Morgen des jeweiligen Adventssonntages gemütlich zu machen und sich mit dem dazugehörigen Kapitel zu befassen. Die Reflexionen, Rituale und Meditationen für die einzelnen Sonntage gehen oft ineinander über, sodass Sie für die Durchführung gut eine Stunde einplanen sollten. Wenn der Morgen für Sie unpassend ist, schauen Sie, wann Sie sich alternativ dafür zurückziehen können.

Zusätzlich zu den Sonntagen gibt es Anregungen, kleine Übungen und Meditationen für die jeweilige Woche. Es wäre schön, wenn Sie sich jeden Tag der Woche morgens oder abends ein paar Minuten Meditation gönnen und jeden Abend den Tag mit ein paar Minuten Reflexion abschließen könnten. Auf diese Weise schaffen Sie sich selbst inmitten des Vorweihnachtstrubels täglich kleine besinnliche Inseln der Stille. Machen Sie es sich dabei so gemütlich und kuschelig wie möglich.

Erfahrungsgemäß wird diese Besinnungszeit in der Woche nicht einfach da sein. Es kann von daher sehr hilfreich sein, sie schon ein wenig vorzuplanen. Am besten wäre es sogar, sie gleich konkret in den Kalender einzutragen. Bewährt haben sich dafür die Randzeiten des Tages, wie der frühe Morgen, an dem noch Ruhe herrscht, die Familie noch schläft und der Tag erst langsam erwacht. Manche lieben aber auch den Abend, um genüsslich im Schein der Kerzen zur Ruhe zu kommen, den Tag Revue passieren zu lassen und sich meditativ auf die Nacht einzustimmen. Schauen Sie, was für Sie passt.

Sie brauchen sich auch keinen Stress mit einer Regelmäßigkeit zu machen. Je nachdem, wie sich Ihre Tage gestalten, können Sie auch an einem Tag den Morgen wählen und an einem anderen den Abend. Nur etwas:

Diskutieren Sie nicht mit Ihrem inneren Schweinehund. Er wird immer super logische Argumente anführen, warum jetzt kein guter Moment ist, sich für ein paar Minuten zurückzuziehen. Tun Sie es einfach. Sie haben es sich vorgenommen. Es sind nur ein paar Minuten, und der Aufwand ist sehr gering. Das Gefühl, sich selbst etwas Gutes getan zu haben, ist jedoch immens. Es lohnt sich!

Die Übungen bauen Woche für Woche aufeinander auf und vermitteln Ihnen hilfreiche Fertigkeiten, mit denen Sie sich zentrieren und mit Ihrer Intuition und Herzenswärme verbinden können. Bitte fühlen Sie sich frei, nur das für sich auszuprobieren und in Ihren Tagesablauf zu integrieren, was sich für Sie richtig anfühlt. Sie können die Vorschläge auch gegen etwas anderes austauschen oder abwandeln, ganz so, wie es Ihrem eigenen inneren Empfinden und Bedürfnis entspricht.

Und nun geht es los. Ich wünsche Ihnen von Herzen eine wundervolle gesegnete Zeit. Lassen Sie sich berühren und schauen Sie, was die dunklen Tage und Nächte – das Warten auf das Licht – in Ihnen zum Vorschein bringen.

DER ADVENTSZYKLUS

1. Advent – Frühling

Himmelsrichtung: Osten
Element: Luft

Die stille Zeit ist nun gekommen,
hat meine Sehnsucht aufgenommen.
Das Hoffen auf die bess're Welt
und Liebe uns zusammenhält …
Advent, bei dir fühl' ich mich wohl!
Die Kerzen brennen als Symbol …

Unbekannter Verfasser

Es ist so weit, die Reise durch die Dunkelheit beginnt. Kaum ist der Herbst mit seinem warmen Strahlen vorbei, scheint ab November oft das Licht wie ausgeschaltet. Graue Nebelschwaden ziehen durch die Bäume. Was im goldenen Herbst noch so leuchtend und lebendig wirkte, zieht sich nun in die Erde zurück. Der Winter streckt seine kalten Finger aus, und die Farben beginnen zu verblassen. Inmitten der zunehmenden Dunkelheit entzünden wir nun unser erstes Adventslicht. Der goldene Schein der Kerze erinnert uns inmitten der Dunkelheit daran, dass ein Licht glimmt, was auch immer in unserem Leben geschieht und wie dunkel und kalt es auch sein mag. Es ist das Licht der Hoffnung und des Lebens. Zwar zieht sich die Natur nun in die Erde, in ihre Wurzeln, in ihr tiefstes Inneres zurück, und alles Lebendige stirbt äußerlich, aber dennoch besteht das Leben in allem weiter. Und strahlen nicht gerade im Dunkeln die Lichter besonders schön? Ich weiß nicht, wie es Ihnen gerade geht, mit welchen Herausforderungen Sie zurzeit konfrontiert sind. Vielleicht fragen Sie sich auch, ob Sie Weihnachten nicht einfach mal ausfallen lassen sollten. Genau in dieser Zeit, möchte ich Sie ermutigen. Ich bin an Ihrer Seite. Lassen Sie uns das Licht inmitten der Dunkelheit entdecken. Versuchen wir, uns immer und immer wieder daran zu erinnern, dass es gerade die Kälte ist, die uns die Wärme umso intensiver spüren lässt, und dass es die Traurigkeit ist, die der Freude ihr Gewicht verleiht. Lassen Sie uns Advent feiern, die Ankunft, das Warten auf das neue Licht, das bewusste Bewahren der Hoffnung – ohne die wir wahrlich oft verloren wären. Es ist eine Reise, die uns aus der Verzagtheit wieder in den Mut wachsen, uns aus Groll und Kälte wieder zurück in Frieden und uns unsere Herzenswärme finden lässt. Was immer in diesem Jahr geschehen ist, lassen Sie uns gemeinsam diesen Weg gehen und unser Herzenslicht neu entfachen. Dazu möchte ich Sie an diesem Tag ganz besonders einladen.

Als ich heute im dämmrigen Licht des Nachmittags spazieren ging, war mir noch so gar nicht richtig weihnachtlich zumute. Es war grau, es nieselte. Es mag Ihnen gerade genauso gehen, und Sie fragen sich vielleicht, ob Sie die Kurve noch bis Weihnachten kriegen. Das ist nicht schlimm, wie ich finde. Wie schön, dass Sie trotzdem diese Zeilen lesen, die ich gerade bei Kerzenschein für Sie und für uns alle schreibe. Wir sind gerade erst mit unserer Reise gestartet, und sie darf sich langsam entfalten.

Wie schon in der Einleitung kurz angesprochen, ist der Advent eine Vorbereitungszeit. Wir brauchen also noch gar nicht bereit zu sein, sondern dürfen uns langsam in Stimmung bringen und uns auf unsere ganz eigene persönliche Reise begeben, durch die Dunkelheit, unsere Schatten- und Freudemomente, unser Jahr und all die Erfahrungen, die uns bis heute geprägt haben.

Und so möchte ich Sie heute einladen, sich der ersten Station des Adventskranzes zu widmen und damit auch der ersten Station auf Ihrem Jahreskreis: dem vergangenen Frühling. In seiner Energie mag sich der Frühling gerade vollkommen konträr zu dem anfühlen, was Sie draußen in der Natur sehen. Dennoch ist seine Kraft in Ihnen gespeichert, hat ihre Spuren in Ihnen hinterlassen und ist immer noch in Ihnen wirksam.

Lassen Sie uns zurückschauen und uns mit der ersten Kerze des Adventskranzes an die Frühlingsenergie und -kraft unseres Jahres erinnern.

*Reflexion über den Frühling und
Entzünden der Frühlingskerze*

Bitte nehmen Sie sich dazu etwas Zeit. Machen Sie es sich gemütlich, entweder auf Ihrem Meditationsplatz oder wo immer Sie sich gerade wohlfühlen. Nehmen Sie Ihr Notizbuch zur Hand. Nun gehen Sie in Ihrer Erinnerung zurück zu Ihrem diesjährigen Frühling:

- Erinnern Sie sich an den Moment, an dem Sie das erste Mal bemerkten, dass der Frühling da ist.
- Was haben Sie in diesem Moment gesehen, gerochen, gehört? Vielleicht die Wärme der Sonne auf Ihrem Gesicht, die frischen hellgrünen Blätter und den Duft der Blüten?
- Erinnern Sie sich an das Gefühl, das Sie in dem Moment spürten, als Sie wussten, dass der Winter vorbei ist.
- Was haben Sie in diesem Frühling auf den Weg gebracht, vielleicht eine Idee, ein neues Projekt?
- Woran haben Sie den Frühling in sich selbst wahrnehmen können? Vielleicht durch eine zarte, belebende frische Energie und Neugier auf Neues? Durch die Lust hinauszugehen, sich zu bewegen? Kreativität?
- Woran können Sie sich noch erinnern? Was machte Ihren Frühling aus? Machen Sie sich einige Notizen.

All dies hat Ihr Jahr geprägt und ist im Energiespeicher Ihrer Zellen vorhanden. Auch wenn es draußen mittlerweile winterlich wird, allein durch die Erinnerung werden die Energie und das Licht der Frühlingssonne wieder in Ihnen aktiviert.

Der Frühling wird dem Element Wind zugeordnet. Es ist der Wind, der frisch durch unser Leben zieht und manchmal gar wie ein Frühlingssturm Altes hintorträgt und Platz schafft für Neues. Wann immer Sie Lust auf Erneuerung haben, sich tatkräftig und beflügelt fühlen oder spielerisch neugierig kreativ sind, sind Sie im Kontakt mit der Frühlingsenergie. Vielleicht gab es auch eine Lebensveränderung im vergangenen Frühling. Vielleicht einen Umzug, eine neue Beziehung oder auch eine Trennung. Ob selbst gewählt oder nicht, was hat das in Ihnen bewirkt? Auch wenn es vielleicht erst einmal nicht so schön oder leicht war, auch das darf da sein. Jedes Ende ist der Anfang von etwas Neuem – so einfach und platt es klingen mag, genauso ist es. Erst wenn etwas wegbricht, kann etwas Neues langsam daraus erwachsen. Eindrucksvoll ist dies in der Natur sichtbar, etwa nach dem Winter, aber auch nach einem Waldbrand. Wie bewegend und wundervoll ist es, wenn die Natur sich nach großer Kahlheit und Trostlosigkeit wieder erneuert und mit frischem zarten Grün zurück ins Leben kommt. Der Tod weicht dem Leben – und genau das ist im Frühling eindrucksvoll zu erleben.

Wenden Sie sich nun mit der geweckten Erinnerung an Ihre Frühlingsenergie Ihrem Adventskranz zu. Legen Sie sich Streichhölzer bereit. Stellen oder setzen Sie sich zum Ihrem Kranz. Kommen Sie innerlich zur Ruhe. Lassen Sie Ihren Atem fließen, und spüren Sie Ihren Körper bewusst, wie er jetzt gerade steht oder sitzt.

Wenn Sie mögen, lesen Sie sich noch einmal durch, was Sie über Ihren ganz persönlichen Frühling aufgeschrieben haben, und lassen all die Frühlingsgefühle oder Bilder in Ihnen aufsteigen. Sobald Sie all das in sich fühlen, entzünden Sie mit dieser Frühlingsenergie im Herzen feierlich die erste Kerze. Halten Sie inne, und während Sie die Flamme betrachten, bedanken Sie sich für die Segnungen und Erneuerungen der Frühlingskraft, die Sie in diesem Jahr erlebt haben. Sie können diesen Dank einfach an eine wohlmeinende spirituelle Instanz richten, an den lieben Gott oder die Göttin, das Jesuskind, aber auch an Buddha, Vishnu, einen Engel, Mutter Natur oder das Universum – zu wem oder was auch immer Sie einen spirituellen Bezug haben. Sollten Sie keinen Bezug zu irgendetwas haben, reicht es, in die Offenheit des Raumes oder sich selbst gegenüber das Wort »Danke« auszusprechen. Machen Sie sich keinen Stress, es braucht nur für Sie zu passen.

Unterstützende Räucherung

Diese wunderbare Energie können Sie nun noch mit einer sanften Räucherung unterstützen. Wählen Sie dazu einen frischen, sonnigen oder auch blumigen Duft. Ich persönlich bevorzuge Rosenblüten oder den zitronig würzig-frischen Duft des Rosmarins. Aber auch die hellen leichten und klärenden ätherischen Öle der Pfefferminze wirken, als würde ein frischer Lufthauch durch den Raum ziehen. Wählen Sie, was immer sich gerade für Sie stimmig anfühlt. Für die genannten Kräuter ist ein

Stövchen mit einem Kräutersieb empfehlenswert. Zünden Sie ein Teelicht an, geben Sie es in das Stövchen, und legen Sie eine kleine Portion der Kräuter auf das Sieb. Ein feiner Rauch wird aufsteigen. Erlauben Sie dem Duft, sich im Raum langsam auszubreiten, während Sie sich einfach noch einen Moment in Ruhe mit der nun folgenden Meditation gönnen.

Die Atem-Meditation – »Frische und Kraft einatmen«

In der heutigen, schnelllebigen und reizüberfluteten Welt ist ein Moment der Stille so selten wie ein Stern, der bei Tag zu sehen ist. Doch wir können die Stille in unserem Inneren kultivieren und unseren Gedanken und Dialogen im Kopf ein wenig Einhalt gebieten. Eine, wie ich finde, sehr gute Möglichkeit dazu bietet die Atem-Meditation.

Ich möchte Ihnen hier ein »Basis-Rezept« vorstellen, mit dem Sie ganz leicht immer mal wieder – auch während der Woche – ohne großen Aufwand Stille kultivieren können. Das Einzige, was Sie dafür brauchen, sind ein paar Minuten für sich selbst. Ich empfehle Ihnen – zumindest jetzt für den Anfang –, sich an einen Ort zurückzuziehen, an dem Sie ungestört sind und sich unbeobachtet fühlen. Sie können sich einfach in Ihren Lieblingssessel setzen oder auf einen Stuhl. Selbstverständlich können Sie es sich auch an Ihrem Meditationsplatz auf Ihrem Kissen oder Bänkchen gemütlich machen. Wählen Sie, was Ihnen und Ihren Möglichkeiten entspricht, und setzen Sie sich dabei so bequem und aufrecht wie möglich hin. (Auf youtube.com finden Sie ein Video von mir zum Thema »Einführung in die Sitzpositionen«, in dem ich Ihnen zeige, wie Sie eine gute Meditationsposition einnehmen können.)

Setzen Sie sich in eine für Sie passende aufrechte Meditationsposition. Machen Sie es sich dabei so bequem wie möglich, und unterstützen Sie Ihren Körper mit Kissen und gefalteten Decken, bis Sie sich wohl- und sicher fühlen. Nun spüren Sie den Boden unter sich. Seine Festigkeit und wie Sie von ihm gestützt und getragen werden. Spüren Sie die Aufrichtung Ihres Körpers, die offene Vorderseite der Brust. Sie können die Augen geschlossen oder geöffnet lassen. Wenn die Augen geöffnet sind, dann lassen Sie Ihren Blick ganz weich auf dem Fußboden ruhen, ohne etwas Spezielles zu betrachten.
Nun beobachten Sie, an welcher Stelle Sie Ihren Atem gerade gut spüren können. Vielleicht an der Nase, im Rachenbereich, im Brustraum oder im Bauch. Und dann spüren Sie in diesen Bereich hinein, ohne dass Sie sich dabei anstrengen – einfach einen ganz natürlichen Kontakt zum Atem aufnehmen und ihn spüren. Versuchen Sie Atemzug für Atemzug Ihre Aufmerksamkeit beim Atem zu lassen. Wann immer Sie merken, dass Sie von Gedanken abgelenkt werden, kehren Sie zurück zu Ihrem Atem. Bleiben Sie bei Ihrem Atem, und spüren Sie ihn, solange es Ihnen gerade möglich ist.
Und nun möchte ich Sie einladen, mit jeder Einatmung ganz bewusst die Frische

und leichte Kühle des Einatems zu spüren. Und während Sie einatmen, stellen Sie sich vor: Das ist die Frische der Frühlingsluft – klar, frisch und rein. Einatmend lassen Sie Frische und Klarheit in sich hineinströmen, und ausatmend entspannen Sie sich aktiv, lassen Sie alle Spannung aus Ihrem Körper fließen. Und dann wieder einatmend Frische einladen – Klarheit, Wachheit ... einfach alles, was Sie damit verbinden. Und ausatmend den Körper bewusst wieder locker lassen, entspannen, loslassen. Machen Sie dies für sich selbst, ein paar Atemzüge lang. Spüren Sie die Kühle und Frische der Luft beim Einatmen und die Wärme der Luft beim Ausatmen.

Schließlich, nach ein paar Atemzügen, atmen Sie noch einmal bewusst tief aus. Lassen Sie dabei jegliche Spannung aus Ihren Muskeln fließen.

Dann beenden Sie die Meditation. Recken und strecken Sie sich etwas. Orientieren Sie sich bewusst zurück in die Gegenwart, und stehen Sie bitte erst dann auf, wenn Sie Ihre Füße und Beine wieder einsatzfähig wissen.

Wenn Ihnen die Meditation gefallen hat, können Sie sie während der kommenden Woche täglich für ein paar Minuten durchführen. Gerade wenn Sie sich müde und ausgelaugt fühlen und gerade keinen Zugang zu Ihrer Kraft haben, kann sie Sie wieder etwas beleben und überdies ausgleichen. Je regelmäßiger Sie sich in Meditation üben, umso leichter wird sie Ihnen mit der Zeit fallen, und die ausgleichende Wirkung auf Ihr Gemüt kann sich langsam entfalten. Das braucht erfahrungsgemäß ein bisschen Zeit.

Darum kann es eine sehr lohnenswerte Bemühung sein, sich jeden Tag ein paar Minuten dafür zu reservieren. Wählen Sie eine Tageszeit aus, zu der Sie sich ungestört fühlen und wach genug sind, sodass Sie nicht gleich einschlafen. Viel Freude!

Das Herz anfüllen – Freude

Die Adventszeit ist für viele Menschen eine nicht ganz leichte Zeit. Das Wetter nervt, die Kollegen sind miesepetrig und gestresst, der Partner ist muffelig, die Kinder sind erkältet, und man selbst hat alle Hände damit zu tun, den diversen Anforderungen gerecht zu werden und irgendwie alles unter einen Hut zu kriegen. Im Vorweihnachtstrubel so ausgeglichen wie ein Buddha zu bleiben ist verständlicherweise nicht leicht, und die Verlockung ist groß, sich von der kollektiven schlechten Laune mitreißen zu lassen. Das kenne ich gut.

Selbst wenn es sich jetzt erst einmal total paradox anhört: Ich möchte Sie anregen, die kommenden vier Wochen dazu zu nutzen, Ihr Herz mit Freude, Liebe und Glück zu füllen. Jammern und Schimpfen hat der Laune noch nie gutgetan. Ganz im Gegenteil, denn wenn wir das nur oft genug machen, gewöhnt sich unser Gehirn daran, und schon bald fühlen wir uns chronisch schlecht gelaunt. Darum machen wir das jetzt einmal anders. Es ist ein sogenannter »Mind-Shift«, um den es hier geht: eine Veränderung unserer geistigen Gewohnheit und Einstellung. Anstatt mit den Missständen befassen wir uns mehr mit dem, was funktioniert. Allerdings benötigt es etwas Zeit, bis wir uns daran gewöhnt haben, eher auf das Gute als auf das Negative zu schauen und das Gute zu betonen. Zugegebenermaßen ist das anfänglich nicht einfach, vor allem dann nicht, wenn wir gestresst sind. Aber mit etwas Übung werden wir uns daran gewöhnen, und es wird uns immer leichter fallen. Praktischerweise verändert sich damit auch unsere Laune. Denn je mehr wir uns mit positiven Dingen beschäftigen, die in uns Freude, Zuneigung und Gefühle der Wärme und Verbundenheit auslösen, umso weniger Aufmerksamkeit schenken wir den anderen Dingen, die das Gegenteil in uns auslösen würden. Damit das gelingt, werden wir nun jede Woche unsere Aufmerksamkeit im Alltag auf die Entdeckung von Freude, Dankbarkeit, Verbundenheit und Zuneigung ausrichten. Dies kann uns helfen, freudvoller durch die Zeit zu gehen und in uns Helligkeit und Herzenswärme anzureichern. Was wir dann damit machen, erfahren Sie in der vierten Adventswoche.

In dieser Woche beginnen wir mit der Freude. Kleine Momente der Freude, bewusst wahrgenommen, helfen unserem gestressten Nörgel-Gehirn, sich wieder zu beruhigen und die Freude mit der Zeit auch wieder zu spüren. Es gibt immer eine »Parallel-Veranstaltung« zu dem, was wir gerade erleben. Die Frage ist nur, worauf wir unsere Aufmerksamkeit richten. Ja, manchen Menschen mag es leichter fallen, die kleinen Freuden wahrzunehmen, als uns. Doch man kann es wirklich trainieren. Fangen wir an:

Finden Sie in dieser Woche jeden Tag drei freudvolle Momente. Das braucht nichts Außergewöhnliches oder Großes zu sein. Sammeln Sie kleine Freude-Alltäglichkeiten. Schärfen Sie Ihr Bewusstsein, werden Sie wach, und gehen Sie bewusst und aufmerksam durch Ihren Tag. Bemerken Sie das freundliche Lächeln eines Unbekannten, die unverhoffte Parklücke, den Moment, in dem Sie kurz mal verschnaufen konnten. Lassen Sie das Gewöhnliche zu etwas Besonderem werden und Sie berühren.

Nehmen Sie sich jeden Abend etwas Zeit, diese Freude-Momente in Ihrem Tagebuch aufzuschreiben. Lassen Sie die Momente während des Schreibens noch einmal ganz plastisch vor Ihrem inneren Auge erscheinen. Spüren Sie die Freude in Ihnen aufsteigen, und verstärken Sie sie dann noch ein bisschen. Ja, lassen Sie diese Freude in Ihnen immer größer werden. Damit üben Sie sich darin, Freude zu empfinden. Wenn es noch nicht so recht klappen mag, dann stellen Sie sich vor, wie Sie sich fühlen würden, wenn Sie sich freuen. Ja, tun Sie ruhig mal so als ob und übertreiben Sie es. Schenken Sie sich jeden Abend einen Moment, die Freude, die Sie an diesem Tag gefühlt haben, noch einmal richtig zu spüren, sodass Sie lächelnd ins Bett gehen.

Damit sind wir am Ende unseres ersten Adventskapitels angekommen. Ich hoffe, Sie hatten schöne Erfahrungen mit den Anregungen und können nun gestärkt in Ihre erste Adventswoche starten. Von ganzem Herzen wünsche ich Ihnen eine wundervolle Woche.

Freudvolle Momente in der ersten Adventswoche

SONNTAG

....
....
....
....
....

MONTAG

....
....
....
....
....

DIENSTAG

....
....
....
....

MITTWOCH

....
....
....
....
....

DONNERSTAG

....
....
....
....
....

FREITAG

....
....
....
....
....

SAMSTAG

....
....
....
....
....

2. Advent – Sommer

Himmelsrichtung: Süden
Element: Feuer

Immer ein Lichtlein mehr
im Kranz, den wir gewunden,
dass er leuchte uns so sehr
durch die dunklen Stunden.
Zwei und drei und dann vier!
Rund um den Kranz welch ein Schimmer,
und so leuchten auch wir,
und so leuchtet das Zimmer.
Und so leuchtet die Welt
langsam der Weihnacht entgegen.
Und der in Händen sie hält,
weiß um den Segen!

Matthias Claudius

*H*eute, mit dem zweiten Advent beginnt die zweite Woche der Vorweihnachtszeit. Haben Sie schon Ihre Wohnung weihnachtlich dekoriert? Ich muss gestehen, ich gehe es lieber langsam an. Woche für Woche kommt immer ein bisschen mehr dazu. Ich liebe es, dies jedes Jahr immer gleich zu machen. Ich hole meine alten Weihnachtsbücher heraus, lese darin, während meine Katze gemütlich neben mir in ihrem Körbchen schnurrt. Eines meiner Lieblingsbücher ist *Weihnachten, als ich klein war*. Es berichtet von einer Zeit, die heute kaum mehr vorstellbar ist: meterhoher Schnee, Eiskristalle an den Fensterscheiben. Als ich heute einen Spaziergang unternahm, rauschte heftiger Regen statt Schnee auf mich hernieder und durchnässte meine Kleidung binnen Sekunden. Aber das kann ja von Ort zu Ort und Jahr zu Jahr sehr unterschiedlich sein.

Auch wenn eine traumhafte weiße Weihnacht noch fern sein mag, verbreiten die süßen Düfte der Weihnachtsmärkte eine heimelige und nostalgische Atmosphäre. Es riecht nach gebrannten Mandeln, Pfannkuchen, Zimt und Plätzchen. Wir sind schon mitten drin im vorweihnachtlichen Geschehen. Wie geht es Ihnen nach der ersten Woche? Welche Erfahrungen haben Sie mit der Freude gemacht? Wenn Sie mögen, halten Sie einen Moment inne und spüren der Woche und Ihren Erlebnissen nach.

Nun möchte ich Sie zu Ihrer zweiten Station des Adventszyklus einladen: dem Sommer Ihres Jahreskreises. Lassen Sie uns ganz besonders jetzt, während der Winter fortschreitet und sich die Dunkelheit ausbreitet, an die Hoch-Zeit des Lichtes erinnern, die Zeit der Sommersonnenwende, wo die Tage endlos hell erschienen. Energetisch ist der Sommer dem Feuer-Element zugeordnet. Das passt sehr gut zu der Zeit, wo die Sonne ihren höchsten Stand erreicht hat und alles mit ihrer Wärme und ihrem Licht durchflutet. Auch diese Energie ist in Ihnen gespeichert, hat ihre Spuren in Ihnen hinterlassen und ist immer noch in Ihnen wirksam.

Reflexion über den Sommer und Entzünden der Sommerkerze

Bitte nehmen Sie sich etwas Zeit. Machen Sie es sich dort gemütlich, wo immer Sie sich gerade wohl- und sicher fühlen, und nehmen Sie Ihr Notizbuch zur Hand. Gehen Sie in Ihrer Erinnerung zurück zu Ihrem diesjährigen Sommer, und lassen Sie die Eindrücke und Bilder in Ihnen wieder lebendig werden:

- Wie haben Sie diesen Sommer erlebt? War er leicht, sonnig, aktiv und leidenschaftlich oder eher beschwerlich, träge, verregnet oder zu heiß?
- Welche Farben tauchen vor Ihrem inneren Auge auf, wenn Sie an den Sommer zurückdenken? Vielleicht das kräftige Rot des Klatschmohns, das goldig strahlende Gelb der Sonnenblumen, das tiefe Blau des weiten Sommerhimmels. Oder

auch das aquatische schäumende Blau des Meeres? Welche Kleidungsstücke haben Sie am liebsten getragen? Welches Parfum?
- Was hat Sie in diesem Sommer besonders erfreut, was konnten Sie genießen?
- Welche von den im Frühling geplanten oder angestoßenen Projekten konnten Sie auf den Weg bringen?
- Welche Kräfte gibt es in Ihnen, die der Sommerenergie gleichen? Vielleicht Freude und Geselligkeit und das Gefühl der satten, lichtvollen Fülle?

Lassen Sie all Ihre Erlebnisse und Eindrücke des Sommers noch einmal in Ihnen lebendig werden und durch Ihr Herz ziehen. Würdigen Sie auch das, was schwer und vielleicht ungewollt war. Dann wenden Sie sich bewusst Ihrem Adventskranz zu. Die erste Kerze brennt bereits, und nun entzünden Sie inmitten dieser Erinnerungen feierlich die zweite Kerze. Kommen Sie zur Ruhe, lassen Sie durch all das, was in Ihnen ist, Ihren Atem fließen, und während Sie die Flammen betrachten, legen Sie Ihre Hände in Gebetshaltung aneinander und würdigen und bedanken sich für all die Segnungen der Sommerkraft, die Sie in diesem Jahr erlebt haben. Sie können das ganz still für sich machen oder auch vernehmlich dreimal das Wort »Danke« aussprechen.

Unterstützende Räucherung

Wenn Ihnen letzte Woche das Räuchern gefallen hat, dann ist nun ein prima Moment, die Sommerenergie mit einer Räucherung zusätzlich zu unterstützen. Gerade Lavendel- und Rosenblüten bieten sich dafür sehr an, denn sie verströmen mit dem Rauch die in ihnen gespeicherte Sommerenergie. Alternativ könnten Sie auch eine fertige Räuchermischung für den Advent nutzen, denn die darin enthaltenen Kräuter und Gewürze wie Zimt und Kardamom schenken ebenfalls wärmende Kraft. Sobald der Rauch aufsteigt, setzen Sie sich in Ruhe dazu und lassen all dies noch etwas in Stille nachwirken. Die folgende Meditation kann sich sehr schön darin einfügen.

Die Dankbarkeitsmeditation

Mit der heutigen Meditation möchte ich Sie dazu einladen, sich der Fülle Ihres Lebens zuzuwenden. Das passt wunderbar zu unserer Sommerkerze und zu der Zeitqualität des zweiten Advents. Gerade jetzt in dieser immer dunkler werdenden Zeit legen wir häufig den Fokus auf das, was fehlt, wie etwa Sonne, Ruhe oder Gelassenheit. Vielleicht erleben Sie gerade an sich selbst oder in Ihrem Umfeld, dass sich Frustration und Gereiztheit breitmachen und eine heimelige Adventsstimmung gar nicht aufkommt. Das mag verständlich sein, aber es tut uns nicht gut. Lassen Sie uns daher in uns ein Gegengewicht schaffen, denn selbst wenn die Tage vielleicht gerade dunkel, trüb und stressig sind, gibt es auch in diesem Bereich eine »Parallel-Veranstaltung«.

Evolutionsbiologisch sind wir dafür anfällig, schnell den Mangel im Blick zu haben und dabei das, was wir bereits haben, gar nicht mehr wahrzunehmen. So entsteht leicht der Eindruck, wir wären benachteiligt oder etwas Wichtiges würde zu unserem Glück noch fehlen. Infolgedessen machen sich Traurigkeit, Gefühle des Mangels und des eigenen Ungenügens breit und vergiften die Atmosphäre. Auch hier kann die Achtsamkeit uns helfen, wieder mehr wertzuschätzen, was wir haben, und unseren Blick auf das auszurichten, was bereits da ist, was funktioniert und gut ist.

Es ist so leicht, sich am kollektiven Nörgeln zu beteiligen. Je mehr wir uns dem anheimgeben, umso mehr greifen Gefühle von Negativität, Ärger, Stress und Hilflosigkeit in unserem Leben um sich. Häufig versuchen wir sie dann mit Perfektionsstreben und noch mehr Leistung auszubügeln. Damit sind wir so beschäftigt, dass wir immer weniger wahrnehmen, dass vieles in unserem Leben, so wie es gerade ist, schon gut ist.

Daher möchte ich Ihnen vorschlagen, den heutigen zweiten Advent sowie die ganze Woche unter den Aspekt der bewussten Wertschätzung und Dankbarkeit zu stellen. Sich bewusst mit Dankbarkeit und Fülle auseinanderzusetzen und wieder den Blick auf das auszurichten, was wir bereits haben und in unserem Leben in Ordnung ist – und sei es noch so klein –, entstresst unser Gehirn. Auch wenn das am Anfang nicht immer leicht ist, werden wir uns zunehmend beschenkt fühlen und immer mehr Momente der Fülle in unserem Leben finden, für die wir dankbar sein können. Bereit? Dann legen wir los!

Bitte nehmen Sie sich wieder etwas Zeit, und machen Sie es sich auf Ihrem Meditationsplatz gemütlich. Setzen Sie sich bequem, jedoch aufrecht hin, und erlauben Sie sich, für diesen Moment vollständig zur Ruhe zu kommen.

Spüren Sie Ihren Körper im Kontakt mit der Sitzunterlage. Spüren Sie die Aufrichtung Ihres Oberkörpers, und erlauben Sie sich, Ihre Muskeln vollständig zu entspannen und locker zu lassen. Ihr Atem fließt, so wie er gerade kommt und geht. Und es ist ganz gleich, ob er schnell oder langsam fließt, ob er tief oder flach ist – das darf alles sein.

Während Sie so dasitzen, kann es sein, dass Gedanken auftauchen. Das ist nicht schlimm. Wenn Sie das bemerken, bringen Sie einfach Ihre Aufmerksamkeit wieder zurück zu Ihrem Atem. Spüren Sie Ihren Atem, so wie er gerade kommt und geht.

Nun möchte ich Sie einladen, sich bewusst zu werden, wofür Sie gerade einfach mal dankbar sein können. Schauen Sie auf das, was in Ihrem Leben funktioniert, und sei es noch so klein: das warme Wasser der Dusche, wenn Sie durchgefroren sind, der angenehme Duft Ihrer Body-Lotion, der Kaffee am Morgen, das unverhoffte Lächeln der Kassiererin an einem trüben Tag, die ersten Schneeflocken, das weihnachtliche Schimmern der Lichter, das Gesicht Ihres schlafenden Kindes, die kuschelige Wärme Ihrer Flauschsocken, die wohltuende Stille des Morgens, gerade schmerzfrei zu sein, Zeit für diese Meditation zu haben … Was können Sie noch alles finden?

Bedenken Sie all dies in Dankbarkeit. Für diesen Moment schauen Sie nur auf das, was funktioniert, was Sie unterstützt und freut, was Sie als Geschenk empfinden. Werden Sie sich bewusst, dass auch das Banale und vermeintlich Gewöhnliche oft genau das ist, was Ihnen Sicherheit und einen funktionierenden Alltag schenkt. Werden Sie sich all dessen bewusst, und lassen Sie all das in Ihr Herz fließen.

Wenn es für Sie stimmig ist, legen Sie nun Ihre Hände vor Ihrer Brust zusammen, vielleicht auf Ihren Herzraum, oder Sie falten Ihre Hände dort in Gebetshaltung. Und dann sprechen Sie innerlich leise oder auch laut hörbar dreimal das Wort »Danke!« aus. Bedanken Sie sich für all das. Würdigen Sie bewusst, was Sie haben – »danke, danke, danke!«.

Nehmen Sie anschließend einen tiefen Atemzug, und entspannen Sie sich mit der Ausatmung. Lassen Sie jegliche Spannung aus Ihren Muskeln fließen. Lassen Sie locker. Immer tiefer loslassen. Raum geben, entspannen. Der Atem fließt. Er ist immer da und gibt Ihnen Halt. Verweilen Sie für diesen Moment bei der Wahrnehmung Ihres Atems.

Und dann, ganz langsam, beenden Sie die Meditation. Nehmen Sie noch einmal einen tiefen Atemzug, strecken und recken Sie sich, und sollten Sie die Augen geschlossen haben, öffnen Sie sie langsam wieder. Orientieren Sie sich zurück, und geben Sie sich Zeit, bevor Sie wieder in die nächste Aktivität wechseln.

Wenn Sie mögen, geben Sie sich jeden Tag ein paar Minuten Zeit, sich der Dankbarkeitsmeditation zu widmen. Sei es am Morgen, bevor Ihr Tag losgeht, oder am Abend, um den Tag damit in Wertschätzung abzuschließen. So üben Sie sich jeden Tag bewusst in aktiver Dankbarkeit und Fülle. Sie werden merken, dass dies nicht nur ausgleichend wirkt, sondern auch Ihre Zuversicht stärkt, und dass Ihr Leben – wie auch immer es sich gerade gestaltet – gesegnet ist.

Das Herz anfüllen – Dankbarkeit

Diese Meditationsübung können Sie wunderbar ergänzen, indem Sie in Ihrem Alltag ganz bewusst Ihre Aufmerksamkeit für die Dankbarkeit öffnen und die Fülle in Ihrem Leben entdecken.

Finden Sie jeden Tag drei Dinge, Personen oder Gegebenheiten, für die Sie dankbar sind. Es braucht auch hier wieder nichts Spektakuläres oder Großes zu sein. Beginnen Sie mit ganz kleinen Alltäglichkeiten. Schauen Sie einfach jeden Tag, was gerade gut läuft, was gut funktioniert oder was vielleicht jemand für Sie getan hat. Gab es überraschende glückliche Wendungen oder eine unverhofft positive Nachricht?

Versuchen Sie, solche Momente immer mal wieder am Tag zu bemerken. Nehmen Sie sich jeden Abend etwas Zeit, um diese Dankbarkeits- und Fülle-Momente zu notieren. Und während Sie schreiben, lassen Sie jede Situation noch einmal ganz plastisch vor Ihrem inneren Auge erscheinen. Machen Sie sich die Kostbarkeit dieser Situation bewusst.

Dabei kann es helfen, diese Momente in einem größeren Zusammenhang zu sehen und zu erkennen, wer oder was alles zusammenkommen musste, damit Sie dies oder jenes erleben konnten. Auch ein Vergleich mit einem früheren Zustand kann uns die Augen öffnen, etwa wenn Sie bemerken, dass Sie endlich wieder kleine Phasen der Schmerzfreiheit hatten oder Sie sich nach einer Erkältung langsam wieder kräftiger fühlen.

Manchmal hängen wir an einer vergangenen schwierigen Situation und bekommen kaum mit, dass sie sich schon längst geändert hat. Das kenne ich auch. Doch selbst wenn wir von unserem eigenen Drama absorbiert sind, haben wir die Möglichkeit, dies zu bemerken und unsere Aufmerksamkeit wieder auf die Gegenwart auszurichten. Indem wir bewusst und aktiv beginnen, das wahrzunehmen, was jetzt gerade ist, kann uns der neue Moment wieder berühren und beschenken.

Erinnern Sie sich an all die Momente, in denen Sie bemerken konnten, dass sich etwas zum Positiven verändert hat: Sie hatten weniger Schmerzen, eine anstrengende Situation war beendet, jemand hat Ihnen einen Kaffee mitgebracht oder die Tür aufgehalten, Ihnen ein Lächeln oder einen Gruß geschenkt oder Sie im Gegenteil in Ruhe gelassen, so wie Sie es gerade brauchten (obwohl es ganz anders hätte sein können).

Manchmal ist Vergänglichkeit ein großes Glück und ebenso der Umstand, dass Dinge nicht wie erwartet eintreffen. Statt diese Situationen unter den Tisch fallen zu lassen, würdigen Sie sie. Freuen Sie sich aktiv. Nähren Sie Ihr Gehirn mit positiven Eindrücken der Fülle. Sie sind versorgt, und Ihr Gemüt schenkt Ihnen wohlige Gefühle.

Lassen Sie beim Schreiben und Erinnern die Dankbarkeit in sich aufsteigen, und verstärken Sie sie noch ein wenig, genauso wie Sie es in der letzten Woche mit der Freude gemacht haben.

Was immer wir üben, wird stärker, und so wird auch Ihre empfundene Dankbarkeit sich in Ihnen immer mehr ausbreiten. Auch hier kann der kleine Trick funktionieren, den wir schon in der letzten Woche angewendet haben: Wenn es nicht so richtig mit dem Gefühl klappen will, einfach mal so zu tun, als würden Sie sich dankbar fühlen, und dabei etwas übertreiben. Gönnen Sie sich jeden Abend dieses wunderbare warme Gefühl der Fülle-Dankbarkeit, sodass Sie sicher und innerlich genährt in die Nachtruhe gleiten können.

Damit sind wir zum Ende dieses Kapitels gekommen, doch unsere Woche liegt noch vor uns, und so wünsche ich Ihnen von Herzen eine wunderschöne nährende Zeit!

Momente der Dankbarkeit in der zweiten Adventswoche

SONNTAG

....
....
....
....
....

MONTAG

....
....
....
....
....

DIENSTAG

....
....
....
....
....

MITTWOCH

....
....
....
....
....

DONNERSTAG

....
....
....
....
....

FREITAG

....
....
....
....
....

SAMSTAG

....
....
....
....
....

3. Advent – Herbst

Himmelsrichtung: Westen
Element: Wasser

Liebeläutend zieht durch Kerzenhelle,
Mild, wie Wälderduft, die Weihnachtszeit,
Und ein schlichtes Glück streut auf die Schwelle
Schöne Blumen der Vergangenheit.

Hand schmiegt sich an Hand im engen Kreise,
Und das alte Lied von Gott und Christ
Bebt durch Seelen und verkündet leise,
Dass die kleinste Welt die größte ist.

Joachim Ringelnatz

Willkommen zu Ihrem dritten Adventssonntag. Heute hat es hier geschneit. Die Welt ist zauberhaft überzuckert mit zartem Winterweiß. Raben spielen in der Luft, und der Atem bildet kleine Wölkchen. Es verändert sich langsam etwas. Spüren Sie es auch? Sanfte Weihnachtsmagie beginnt sich auszubreiten, mit Flockentanz und Tannenduft. Überall stehen schon die Weihnachtsbäume bereit, Lichter glitzern in den Fenstern. Seit gestern steht auch bei mir schon ein süßer kleiner knubbeliger grüner Geselle in meinem Wohnzimmer und wartet darauf, geschmückt zu werden. Doch dies werde ich erst, wie es bei uns Tradition ist, am Abend vor Heiligabend machen. Ich freue mich jetzt schon sehr darauf. Der Glanz des Baumes, wenn das erste Mal die Lichter ihren sanften warmen Schein verbreiten, bezaubert mich jedes Mal von Neuem.

Wie geht es Ihnen mittlerweile? Wie fühlt es sich an auf Ihrer Reise durch die dunkler werdenden Nächte? Die Sonnenwende kommt immer näher, und es wird immer früher dunkel. Wieder ist es Zeit, es sich gemütlich zu machen und Rückschau zu halten.

Reflexion über den Herbst und Entzünden der Herbstkerze

Heute mit dem dritten Advent ist unsere Reise durch den Jahreskreis beim Herbst angekommen, der noch gar nicht so lang her ist. Streng genommen befinden wir uns jetzt noch im Herbst, denn erst mit dem 21. Dezember beginnt offiziell der Winter.

Geben Sie sich wieder ein bisschen Zeit, sich Ihrer Herbstkraft bewusst zu werden und der herbstlichen Energie in Ihnen nachzuspüren. Der Herbst ist energetisch dem Element Wasser zugeordnet. Dieses fließende, durchfeuchtende Element begegnet uns oft gerade in den späteren Herbsttagen, wenn es grau wird, regnet und alles klamm und feucht wird. Dieses Element hat, ganz ähnlich wie im Frühling der Wind, eine reinigende Kraft. Es spült hinfort, es wäscht und schwemmt aus, schafft einen Abschluss und bereitet dadurch den Neuanfang des Frühlings vor. Gerade im Herbst ist es wichtig, dass die Natur gut durchfeuchtet wird, damit die Wasserspeicher der Erde nach der Trockenheit des Sommers wieder aufgefüllt werden. Im Herbst finden wir die Totengedenk-Tage, mit denen Abschied und Trauer verbunden sind, die ebenfalls der Wasserenergie zugeordnet sind.

Machen Sie es sich gemütlich, nehmen Sie Ihr Notizbuch zur Hand, und lassen Sie die Eindrücke und Bilder des diesjährigen Herbstes in Ihnen lebendig werden. Mittlerweile sind Sie mit dieser Art der Reflexion bereits vertraut, und sie könnte Ihnen schon leichter fallen. Außerdem ist der Herbst ja noch recht frisch. Schreiben Sie einfach auf, was immer Ihnen einfällt. Die folgenden Fragen können Sie etwas darin unterstützen:

- Was hat Sie bis jetzt durch den Herbst thematisch begleitet, was hat Sie in dieser Zeit beschäftigt?
- Welche Dinge konnten Sie zum Abschluss bringen, was ist noch offen? Welche »Früchte« konnten Sie ernten?
- Auf welche Art und Weise können Sie die Herbstenergie in sich spüren? Vielleicht durch eine satte Zufriedenheit? Oder aber auch durch eine Erschöpfung und Müdigkeit, ja gar Wehmut und Abschiedsstimmung?
- Gab es vielleicht Verluste? Mussten Sie Menschen, Tiere, Lebensabschnitte, Hoffnungen, Wünsche oder Projekte ziehen lassen? Und wie gehen Sie oder sind Sie mit diesem Verlust umgegangen?

Der Herbst ist für manche Menschen eine Herausforderung. Nicht jeder empfängt ihn voller Freude. Auch wenn er erst einmal in dem überschwänglichen Farbenmeer der Herbstblätter und in goldener Herbstsonne daherkommt, schwingt oft Wehmut des scheidenden Sommers mit, das Gefühl, dass die Zeit viel zu schnell vergeht und sich wieder einmal ein Jahr dem Ende zuneigt. Manche empfinden auch tiefe Erschöpfung nach teilweise recht herausfordernden und sehr aktiven Monaten.

Die Sehnsucht nach Ruhe nimmt zu. Und genau in dieser Phase liegt unsere Adventszeit. Sie gibt uns die Gelegenheit, aus der Schnelligkeit und der Aktivität des

Jahres langsam auszusteigen und dem Wunsch nach Verlangsamung, nach Ruhe und Einkehr wieder Raum zu lassen.

Es ist ganz natürlich, dieses Bedürfnis in sich zu spüren. Während die Blätter von den Bäumen fallen (sie haben alles gegeben), dürfen auch wir nun wieder ruhiger werden und unsere Säfte in uns zurückziehen. Die Früchte sind reif geworden, auch wenn es nicht alle geschafft haben. Das ist natürlich. Manchmal ist die Ernte nur spärlich, selbst wenn das Jahr hoffnungsvoll und voller Energie begonnen hat – der Herbst zieht Bilanz. Die Achtsamkeit kann uns lehren, bewusst zu erkennen und wertzuschätzen, was wir haben, und in Würde zu bedenken, wovon wir Abschied nehmen mussten. Darum geht es am dritten Advent.

Wann immer Sie bereit sind, wenden Sie sich mit alldem im Herzen Ihrer dritten Adventskerze zu. Die erste und zweite Kerze brennen bereits, nun entzünden Sie die dritte Kerze als Symbol und Würdigung Ihrer Herbstenergie. Während Sie die Flamme betrachten, gönnen Sie sich einen Moment des tiefen Zur-Ruhe-Kommens. Halten Sie inne. Spüren Sie in sich hinein. Ihr Atem fließt in Ihnen, ist Ihre Konstante, was immer war, ist und sein wird. Da ist Freude, da ist vielleicht auch Wehmut und Schmerz. Und alles das darf sein. Wenn es sich für Sie stimmig anfühlt, legen Sie Ihre Hände wieder in Gebetshaltung aneinander und bedanken Sie sich für all die Segnungen der Herbstkraft, die Sie in diesem Jahr erleben durften, und senden Sie all jenen, die Ihr Leben verlassen haben, einen guten Wunsch mit auf ihren Weg. Sie können ganz still für sich ein Gebet oder unser Universalgebet »Danke!« aus tiefstem Herzen aussprechen.

Nehmen Sie diese Stimmung, dieses Berührtsein im Herzen mit in die folgende Meditation. Unterstützen Sie sich dabei mit einer Räucherung, die Ihnen Geborgenheit schenkt und Sie erdet.

Unterstützende Räucherung

Nutzen Sie für den heutigen Advent eine fertige Räuchermischung für die Advents- oder Weihnachtszeit, die mit wärmenden Gewürzen wie Kardamom, Kakaoschalen, Anis und Zimt die Seele beruhigt, wärmt und umhüllt. Lassen Sie diese Kräuter und Gewürze sanft auf dem Sieb-Rand Ihres Stövchens mit der Wärme ihren Duft verströmen, sodass fast kein Rauch aufsteigt. Wenn Sie es gerade lieber etwas räucheriger und rustikaler möchten (manchmal braucht man das) und das Gefühl haben, schwere Energien ablösen oder sich reinigen zu wollen, dann räuchern Sie sich einmal kräftig mit einem Salbei-Bündel ab. Baden Sie auch Ihr Gesicht und Ihre Hände im Rauch. Anschließend lassen Sie das Bündel auf einer feuerfesten Unterlage ausglimmen, während Sie sich der folgenden Meditation widmen.

Meditation – Wertschätzung und Frieden schließen

Sitzen Sie aufrecht wie ein Berg. Spüren Sie die Verbundenheit mit der Erde, die Festigkeit Ihres Sitzes und die berggleiche Aufrichtung Ihres Körpers. Währenddessen fließt Ihr Atem sanft und natürlich ein und aus. Lassen Sie Ihre Gedanken vorüberziehen, lassen Sie sie kommen und gehen, ohne sie zurückzuweisen oder auf sie einzusteigen. Wenn Sie doch von ihnen fortgetragen worden sind, kehren Sie aktiv wieder zu Ihrer Atmung zurück. Erlauben Sie sich, tief zur Ruhe zu kommen und sich zu erden.

Und nun wenden Sie sich noch einmal der Herbstenergie zu. Machen Sie sich Ihre Früchte des Jahres bewusst. Erkennen Sie, was Sie erreicht haben. Was für Mühen haben Sie vielleicht auf sich genommen. Erkennen Sie, was daraus geworden ist. Schauen Sie es sich vor Ihrem inneren Auge bewusst an. Das haben Sie erreicht. Lassen Sie die Freude darüber ruhig zu. Das haben SIE erreicht – und es ist nicht selbstverständlich. Lassen Sie sich davon in Ihrem Inneren berühren.

Legen Sie jetzt Ihre Hände in Gebetshaltung vor sich zusammen, und bedanken Sie sich bei sich selbst voller Wertschätzung – und auch bei denen, die mit daran beteiligt waren und Sie unterstützt haben.

Manchmal ist auch noch etwas offen, konnte nicht realisiert werden oder ist nicht in Ihrem Sinne gelaufen. Das passiert. Und so möchte ich Sie jetzt einladen, Frieden mit sich zu schließen. Legen Sie dazu Ihre Hände auf Ihren Herzraum. Spüren Sie sich bewusst, den Kontakt Ihrer Hände auf der Brust, die Wärme ... Halten Sie sich so, und atmen Sie mit sich.

Und nun sprechen Sie innerlich zu sich selbst:

Was geschehen ist, ist geschehen,
was kommen wird, ist noch nicht da.
Ich sehe mich und erkenne mich an, so, wie ich gerade bin. Dabei liebe und achte ich mich und meinen Weg mit allen Qualitäten, Unberechenbarkeiten, Fehlern und Möglichkeiten.
Möge ich mutig, bestmöglich und heilsam zum Wohle aller meinen Weg gehen, stimmig und würdevoll, mit der Kraft meines Herzens verbunden.
So sei es!

Bleiben Sie weiter nach innen gerichtet, atmen und halten Sie sich noch eine Weile.

Lösen Sie jetzt sanft Ihre Hände, lösen Sie sich von allen Gedanken, Gefühlen und Bildern, lassen Sie sie vollkommen und tief los. Entspannen Sie sich, und öffnen Sie sich in den weiten Raum hinein. Ja, schmelzen und fließen Sie regelrecht in die Offenheit hinein – ganz sanft, ganz weich. Verweilen und atmen Sie, und lassen Sie immer tiefer los.

Zum Abschluss straffen Sie nun etwas Ihre Aufmerksamkeit und richten sie ganz bewusst auf Ihren Atem. Nehmen Sie einen tiefen Atemzug, und beenden Sie dann langsam die Meditation. Strecken und recken Sie sich, schlagen Sie Ihre Augen auf, orientieren Sie sich zurück in den gewohnten äußeren Raum … Bitte stehen Sie erst auf, wenn sich Ihre Füße und Beine wieder gut einsatzbereit anfühlen.

Der »Nörgel-Stopp«

Gerade wenn wir uns erschöpft, müde und vielleicht auch etwas gestresst fühlen, kann es sein, dass wir sehr kritisch sind und uns kaum etwas Gutes über uns und unser Leben einfällt. Doch häufig ist es »nur« unsere innere Brille, die wir aufhaben, die uns die Welt dunkler erscheinen lässt, als sie wirklich ist.

Das kann verschiedene Gründe haben, wie beispielsweise schlicht und einfach unsere Erschöpfung, Müdigkeit und Stress. Stress erzeugt in uns eine Negativfärbung, und je negativer wir die Welt sehen, umso gestresster sind wir und umso negativer erscheint uns wiederum die Welt. Das ist ein Teufelskreis, den wir nur selbst aktiv unterbrechen können. Und so möchte ich Sie dafür sensibilisieren und Ihnen eine kleine Übung für die Woche vorschlagen, die wirklich kaum Zeit in Anspruch nimmt:

Versuchen Sie diese Woche darauf zu achten, wie Sie über sich selbst innerlich sprechen und auch über das, was Sie gerade in Ihrem Alltag sehen oder erleben. Nehmen Sie wahr, wenn Sie nörgeln oder mit sich schimpfen. Sobald Sie eines davon bei sich bemerken, legen Sie eine Hand auf Ihren Herzraum. Kommen Sie in den Kontakt mit sich. Sagen Sie sich innerlich: *»Stopp!«,* und dann atmen Sie bewusst einmal tief ein und aus. Formulieren Sie anschließend einen inneren Satz, der Sie wohlwollend unterstützt oder Wertschätzung ausdrückt. Statt sich also innerlich unwirsch anzufahren mit »*Stell Dich nicht so an, du kriegst auch gar nichts hin!«,* nehmen Sie sich selbst den Druck raus und formulieren einen unterstützenden Satz, etwa: *»Es ist gut, wie es ist, ich mache eines nach dem anderen.«*

Wir dürfen freundlich mit uns umgehen, auch wenn wir das in unserer Herkunftsfamilie möglicherweise anders erlebt haben. Wenn wir merken, dass wir wenig liebevoll mit uns umgehen und sich dadurch Stress, Ärger, Angst und Traurigkeit in uns ausbreiten, dann können wir uns Alternativen zulegen. Es ist eine bewusste Entscheidung, und je häufiger wir uns darin üben, unser inneres Nörgel-Verhalten zu stoppen, umso leichter wird uns das mit der Zeit fallen.

Wenn Sie liebevoller und fürsorglicher mit sich umgehen wollen, dann kann Ihnen diese kleine Alltagsübung sehr dabei helfen, selbst wenn es sich erst etwas holzig oder künstlich anfühlen mag. Das Praktische: Die Übung braucht nur wenige Sekunden, und doch hat sie Einfluss auf unser ganzes Leben, denn was wir über uns und andere denken, prägt unsere Handlungen, Reaktionen und Gefühle.

Eine bewusste Geste auszuführen kann das Lernen von etwas Neuem sehr unterstützen. Wir nutzen hier die Geste, unsere Hand auf unser Herz zu legen. Sie hilft, die neue innere Haltung gut in unserem Bewusstsein zu verankern.

Hier noch einmal die Kurzform des »Nörgel-Stopps«:

1. Nörgeln und/oder Schimpfen bemerken.
2. Innerlich »Stopp« sagen und die Hand aufs Herz legen.
3. Alternativ-Satz formulieren, der Sie unterstützt oder eine friedliche Absicht oder Ihre Wertschätzung ausdrückt.

Auf diese Weise können Sie immer mehr das negative Denk- und Bewertungssystem in Ihnen unterbrechen und es mit der Zeit durch eine förderliche, friedliche und wertschätzende innere Haltung ersetzen.

Wenn Abneigung, Härte und Ärger einer liebevollen, freundlichen und wertschätzenden Zuneigung Platz machen, fühlen wir uns weicher, sanfter und mit uns und der Welt wieder stärker verbunden. Dies können wir in uns regelrecht fördern.

Inzwischen haben wir schon zwei Wochen hinter uns, in denen wir unser Herz gefüllt und immer mehr davon angesammelt haben, was uns innerlich auftanken lässt. In der jetzigen dritten Adventswoche fahren wir damit fort und dehnen unsere Aufmerksamkeit ganz bewusst auf all das aus, was wir lieben.

Das Herz anfüllen – Zuneigung und Liebe

Die Liebe wird nicht umsonst als die stärkste Kraft des Universums bezeichnet. Doch nicht wenige Menschen haben vor der Liebe wirklich Angst, weil sie mit ihr das Gefühl verbinden, tief verletzlich zu sein. Das kann ich gut verstehen. Doch aus reichlich eigener Erfahrung mit Verletzungen meines Herzens kann ich Sie nur ermutigen: Lassen Sie sich nicht unterkriegen. Geben Sie der wirklichen Liebe eine Chance. Sie ist die stärkste Kraft, die uns durch alles tragen kann.

Die Liebe, von der ich hier spreche, ist ein tiefes inneres Gefühl, das nicht daran gekoppelt ist, ob Sie eine Partnerin oder einen Partner in haben oder nicht. Sie ist eine tiefe universale Herzenswärme und Verbundenheit, die auch da ist, wenn wir allein durch die Natur streifen, uns die Zähne putzen. Sie ist und bleibt, weil sie einfach der Natur unseres Herzens und (auf der tiefsten Ebene) der Natur des Universums entspricht, in dem sich immer wieder alles aufs Neue zusammenfindet. Sie ist die Kraft, aus der das Universum immer wieder neu erschafft. Sie ist die Grundlage aller Schöpfungskräfte. Sie ist das staunende Wissen um dieses Wunder, das sich täglich ereignet: dass wir aufstehen, dass wir leben, dass wir sehen und atmen. Dass es Winter ist und doch der Frühling wiederkommen wird, dass wir Teil dieses großen Wunders sind, jeder Einzelne von uns, und wir voneinander nicht getrennt sind, da wir alle zu diesem großen Wunder gehören. All das ist die Liebe, wenn auch das Wort »Liebe« für die meisten Menschen ganz anders belegt ist.

Ich möchte Sie dazu einladen, sich diese Woche vorsichtig und in Ihrem ganz eigenen Tempo der Liebe, der Zuneigung und Verbundenheit zu widmen. Ich weiß, es ist für manch einen ein großes Wort, mit starken Assoziationen und Gefühlen belegt. Umso mehr, machen Sie sich auf. Finden Sie die wahre Bedeutung dieses Wortes, auch jenseits einer Liebesbeziehung. Finden Sie sie, und füllen Sie Ihr Herz! Lassen Sie das Wunder des Advents zu, indem Sie beginnen, Ihr inneres Herzenslicht durch diese tiefe verbindende Kraft wieder zu entfachen. Es ist Zeit!

Finden Sie jeden Tag drei Personen, Situationen oder Gegebenheiten, die Sie lieben oder wo Sie das Gefühl der Liebe oder Zuneigung, der warmen Verbundenheit, des staunenden ehrfürchtigen Wunderns oder der Zärtlichkeit in sich spüren. Das kann mütterliche Liebe sein, leidenschaftliche Liebe, kindliche Liebe, freundschaftliche Liebe, verwunderte und staunende Liebe, wertschätzende Liebe, ganz sanfte behutsame zärtliche Liebe und die Liebe, die einfach da ist ohne irgendeinen Bezug.
Manchmal wachen wir mit diesem Gefühl in uns auf, manchmal scheint es in uns nicht vorhanden zu sein, und wir müssen es suchen gehen. Doch immer, wenn wir uns darauf ausrichten, können wir es wirklich wiederfinden. Wir haben so viele Möglichkeiten, Liebe, Wunder, Verbundenheit und Zuneigung zu empfinden.
Nehmen Sie sich jeden Abend etwas Zeit, sich diese liebe- und wundervollen Momente aufzuschreiben und sie noch einmal innerlich zu durchleben. Spüren Sie bewusst dieses warme Gefühl in Ihnen aufsteigen, und verstärken Sie es, genauso wie

Sie es in der letzten Woche mit der Dankbarkeit und davor mit der Freude gemacht haben. Lassen Sie das Gefühl der Liebe in Ihrem Herzen anschwellen und durch Sie hindurchfluten. Schwelgen Sie ruhig in diesem Gefühl der überfließenden Liebe und Zuneigung in Ihnen.
Bei der Liebe ist es so wie bei allen Gefühlen: Je häufiger wir sie zulassen und uns darin üben, umso leichter werden wir sie fühlen können und umso mehr wird sie sich ausdehnen. Vielleicht haben Sie sich in letzter Zeit eher weniger mit diesem Gefühl befasst. Oder vielleicht glauben Sie, die Liebe nach einem Verlust oder einer Trennung verloren zu haben. Wenn dem so ist, seien Sie geduldig mit sich. Sie können auch damit experimentieren, wie es sich anfühlen würde, wenn Sie liebevolle Gefühle, staunendes Wundern, die Wärme der Verbundenheit oder schlicht Zuneigung spüren würden.
Lassen Sie dies das Letzte sein, mit dem Sie Ihren Abend beschließen, sodass Sie mit einem warmen, geliebten, wohligen, im wahrsten Sinne wunder-vollen Gefühl in die Nacht gehen.

Außerdem möchte ich Sie inspirieren, gerade in dieser Woche liebevoller mit sich selbst umzugehen und dem selbstkritischen Nörgler in Ihnen Paroli zu bieten. Achten Sie einfach während Ihres Alltags immer mal wieder darauf, wie Sie mit sich sprechen. Nörgeln Sie, oder schimpfen Sie mit sich? Wenn Sie das bemerken, unterbrechen Sie es sofort, und legen Sie eine Hand auf Ihren Herzraum. Atmen Sie bewusst einmal tief durch, und dann formulieren Sie innerlich einen Satz, der Sie unterstützt, beruhigt und, ja, auch einfach mal lobt. Sie haben viel erreicht dieses Jahr! Und Sie geben jeden Tag, was immer Sie können. Sie haben Ihre eigene Liebe und Fürsorge schon längst verdient!

Hiermit sind wir am Ende unseres Kapitels angekommen. Ich wünsche Ihnen von Herzen eine wunder- und liebevolle dritte Adventswoche.

Momente der Zuneigung in der dritten Adventswoche

SONNTAG

....
....
....
....
....

MONTAG

....
....
....
....
....

DIENSTAG

....
....
....
....
....

MITTWOCH

....
....
....
....
....

DONNERSTAG

....
....
....
....
....

FREITAG

....
....
....
....
....

SAMSTAG

....
....
....
....
....

4. Advent – Winter

Himmelsrichtung: Norden
Element: Erde

Es treibt der Wind im Winterwalde
die Flockenherde wie ein Hirt,
und manche Tanne ahnt, wie balde
sie fromm und lichterheilig wird;
und lauscht hinaus. Den weißen Wegen
streckt sie die Zweige hin – bereit,
und wehrt dem Wind und wächst entgegen
der einen Nacht der Herrlichkeit!

Rainer Maria Rilke

Es ist so weit, der Kreis schließt sich. Gerade komme ich von einem herrlichen Weihnachtskonzert – das Weihnachtsoratorium von Johann Sebastian Bach – in einer Wuppertaler Kirche. Nun sitze ich in meinem warm von Kerzen erleuchteten Wohnzimmer auf der Couch. Neben mir trampelt sich meine Katze schnurrend ihr Lager zurecht. Der Adventskranz erstrahlt in vollem Glanz. Vier Kerzen erhellen heute die Dunkelheit. Was für ein zauberhaftes Licht. Während es draußen unwirtlich ist, und tiefste schwarze Nacht, strahlt es innen. Endlich ist sie da, die Weihnachtsstimmung. Still und leise hat sie sich in mein Herz geschlichen und wärmt von innen, ganz tief.

Der Winter hält mit der Dunkelheit unaufhaltsam Einzug. Mancherorts liegt bereits Schnee, er taucht die Welt in sanfte Stille. Der Winter ist auch die letzte Station auf unserem Jahreskreis, der wir uns mit der vierten und letzten Kerze des Adventskranzes widmen werden: dem Winter, der jetzt beginnt, und dem zurückliegenden Winter im Januar und Februar dieses Jahres. Genau hier, an der Schwelle des beginnenden Winters schließt sich für uns der Kreis und gleichzeitig betreten wir hier die Unendlichkeit. Der beginnende Winter trägt uns hinein in den Jahreskreis des kommenden Jahres.

In diesem Zyklus zeigt sich der kontinuierliche Prozess des Werdens und Vergehens, des Lebens und des Sterbens, des Wechsels von Helligkeit und Dunkelheit. Seit Anbeginn der Zeit erneuert sich so die Welt. Das Leben und die Ewigkeit bestehen in allen Prozessen fort, selbst im Tode, der einem Schlaf gleicht, in dem sich jedoch das Neue bereits auf die Geburt vorbereitet.

Reflexion über den Winter und Entzünden der Winterkerze

Die einen lieben ihn, die anderen würden ihn gerne überspringen. Dennoch ist er eine wichtige Station auf unserem Jahreskreis. Er macht ihn erst vollständig. Im Winter begibt sich die Natur in ihre Regenerations- und Ruhephase. Die Bäume haben längst die letzten Blätter abgeworfen, und die Farben sind verblasst. Übrig bleibt ein mattes Graubraun, welches erst durch den Schnee wieder an Helligkeit gewinnt. Das Licht hat sich verabschiedet, und die Tage bleiben dämmrig. Die Sonne ist auf ihrem absoluten Tiefstand angekommen.

Energetisch ist der Winter dem Element Erde zugeordnet, was sehr passend ist, denn alles zieht sich nun zurück in seinen Ursprung, in die Erde. Äußerlich stirbt die Natur. Bäume und Pflanzen sammeln ihre Säfte in ihren Wurzeln in der Erde, und Tiere begeben sich in ihre Erdhöhlen zum Winterschlaf.

Ebenso spüren wir Menschen zunehmend das Bedürfnis, zur Ruhe zu kommen, zu pausieren. In manch einem regt sich vielleicht auch der Wunsch, sich lieber mit den eigenen Gedanken und dem eigenen Innenleben zu befassen, als sich im Außen zu vergnügen. Das ist ganz normal. Nun ist es Zeit, den Zyklus zu beenden. Lassen Sie dazu all die Erlebnisse des Winters noch einmal in Ihnen lebendig werden.

Heute möchte ich Sie für die Vollendung unseres diesjährigen Jahreskreises zum vierten Advent einladen, zu reflektieren, was der Winter mit seiner besonderen Kraft in Ihnen zum Klingen bringt. Geben Sie sich wieder etwas Zeit, und spüren Sie mit den folgenden Fragen für sich nach:

- Wie haben Sie die vergangenen Wintermonate (Januar/Februar) dieses Jahres erlebt? Erinnern Sie sich auch an einzelne Erlebnisse: Was war in dieser Zeit präsent?
- Wie fühlt sich der jetzige, beginnende Winter für Sie an? Woran merken Sie ihn besonders? Vielleicht werden Sie ruhiger, gehen mehr nach innen, würden gerne mehr schlafen, oder Ihre Stimmung verändert sich, wird dunkler …
- Was bedarf jetzt der Ruhe, was darf pausieren, was braucht Weile zum weiteren Wachsen, Reifen, Regenerieren? Sie selbst, Projekte, Situationen …?
- Was wünschen Sie sich für das neue Jahr, wie möchten Sie sich fühlen, was darf in Ihr Leben kommen, welche Samen schlummern in Ihnen und warten schon auf den Frühling?

Erlauben Sie all dem, in Ihnen da zu sein. Und dann, inmitten der Erinnerungen wenden Sie sich Ihrem Adventskranz zu. Die ersten drei Kerzen brennen bereits, und nun entzünden Sie feierlich und bewusst die vierte Kerze. Jetzt ist das Rad komplett.

Sie haben viel erlebt. All dies ist noch in Ihnen. Es hat Sie geprägt und Ihr Jahr gestaltet. Legen Sie, wie auch in den vergangenen Adventssonntagen Ihre Hände in Gebetshaltung aneinander und würdigen und bedanken Sie sich für all die Erfahrungen und Segnungen der Winterkraft und auch noch einmal ganz bewusst für jede der einzelnen Zeiten Ihres Jahres. Vier Kerzen brennen nun, jede einzelne steht für Ihre Erlebnisse im Jahr: für Freude und Schmerz, für Geschenke und Segnungen, für die Herausforderungen und Ihren Mut und Ihre Kraft weiterzugehen. Nun ist ein guter Moment, aus Ihrem Herzen heraus ein kleines Gebet zu sprechen, für sich selbst, für alle, die mit Ihnen verbunden sind. Sie können es ganz still für sich sprechen oder auch laut voller Wertschätzung dreimal das Wort »Danke« sagen.

Unterstützende Räucherung

Diese Stimmung wird sehr durch warme, würzige Düfte unterstützt, die uns jetzt eh sehr lieb und typisch für die Winter- und Weihnachtszeit sind. Wählen Sie, was immer sich gerade für Sie gut anfühlt – entweder eine fertige Räuchermischung für die Advents- und Winterzeit oder Weihnachts-Räucherkegel für das Räuchermännchen (hallo, Kindheit!), oder Sie experimentieren selbst ein wenig. Weihrauch, Zimtrinde, Tannennadeln und Nelken verströmen einen feierlichen Duft.

Die Mitgefühlsmeditation – »Sich in Liebe halten«

Schließen Sie das Adventskranzritual wieder mit einer Meditation ab. Da wir uns in der vergangenen Woche der Liebe angenähert haben und wir jetzt durch die Reflexion über den Winter und im Bewusstsein des gesamten Jahres vielleicht ein wenig im Kuschelmodus sind oder uns offen und verletzlich fühlen, bietet sich heute eine wunderbar warme Mitgefühlsmeditation an. Machen Sie es sich also auf Ihrem Lieblings-Meditationsplatz wieder bequem, und los geht's!

Nehmen Sie wieder eine für Sie angenehme und aufrechte Meditationsposition ein. Polstern Sie sich aus, legen Sie sich eine Decke um, sodass Sie sich wohl- und geborgen fühlen. Kommen Sie zur Ruhe. Spüren Sie den Boden unter sich, die Aufrichtung Ihres Körpers, das Gehalten- und Getragensein von der Erde.

Lassen Sie Ihren Atem fließen, wie er gerade kommen und gehen mag – ob schnell oder langsam, tief oder flach, ist ganz gleich. Und wann immer Sie merken, dass Sie von Gedanken fortgetragen worden sind, kehren Sie wieder zurück zu Ihrem Atem. Bleiben Sie ganz sanft im Kontakt mit Ihrem Atem, so wie er gerade ist, ohne ihn zu verändern.

Nun schauen Sie, wie es Ihnen geht. Sind Sie innerlich bewegt, traurig, ängstlich – oder wohlig, warm, liebevoll gestimmt? Was immer gerade in Ihnen spürbar ist, wie immer es Ihnen gerade geht – es darf genau so sein: das Angenehme, aber auch das Unangenehme; das Leichte und das Schwere; das Helle und das Dunkle; die Freude und die Trauer. All das gehört mit zu unserem Menschsein dazu. All das darf sein und sich in uns bewegen.

Und so möchte ich Sie einladen, genau jetzt, in diesem Moment, mit sich selbst in einen fürsorglichen Kontakt zu kommen und sich darin liebevoll und wertschätzend zu halten.

Vielleicht mögen Sie Ihre Hände auf Ihren Herzraum legen. Oder Ihre Hände fühlen sich gerade besser auf Ihrem Bauch an. Legen Sie sie einfach dorthin, wo Sie das Gefühl haben, die Berührung tut Ihnen gut. Sie können sich auch umarmen. Schauen Sie, was jetzt gerade passt.

Dann spüren Sie Ihre Hände im Kontakt mit Ihrem Körper. Spüren Sie die Wärme Ihrer Hände und mit den Händen Ihren Körper. Vielleicht werden Sie gewahr, wie Ihr Körper sich bewegt beim Atmen. Sitzen Sie so mit sich, mit allem, was jetzt gerade ist. Halten Sie sich so für einen Moment, ganz so, als würden Sie eine Ihnen liebe Person halten, vielleicht Ihren Freund oder Ihre Freundin oder Ihr Kind, wenn es Kummer hat – irgendjemanden, den Sie aufrichtig lieb haben. Und so halten Sie sich jetzt auch. Ganz liebevoll, tröstend.

Und nun möchte ich Sie inspirieren, sich selbst etwas ganz Liebevolles zu wünschen. So etwas wie:

Möge ich sicher und behütet sein.
Möge ich mich wohlfühlen.
Möge ich gesund sein.
Möge ich Freude und Leichtigkeit spüren.
Möge ich friedlich und geborgen sein.
Möge ich mich geliebt fühlen.
Möge ich ruhig und gelassen sein.
Und möge ich jederzeit all die Unterstützung erhalten, die ich brauche.

Wenn Sie mögen, können Sie diese Sätze oder die, die für Sie passen, ein- oder dreimal wiederholen, oder Sie formulieren einfach eigene. Beginnen Sie Ihren Satz mit »Möge« und benennen Sie, was sein soll (nicht, was nicht sein soll).

Wenn Sie merken, dass es nun genug ist, lösen Sie langsam und sanft Ihre Hände von Ihrem Körper. Es ist nun erst einmal für alles gesorgt.

Kehren Sie zurück zu Ihrer Atmung, und kommen Sie auf Ihrem Atem zur Ruhe. Lassen Sie sich tragen von Ihrem Atem – Atemzug für Atemzug. Mehr gibt es gerade nicht zu tun.

Um die Meditation zu beenden, nehmen Sie einen tiefen Atemzug und öffnen anschließend langsam Ihre Augen.

Und auch diese Meditation können Sie, wenn Sie mögen, jeden Tag in der Woche durchführen. Sie können sie auch mit der Atem-Meditation kombinieren. Wenn Sie also gerne noch etwas länger in Stille bei Ihrem Atem verweilen möchten, dann können Sie so lange die Atem-Meditation vorher oder nachher praktizieren, wie Sie mögen, und sie einfach mit der Mitgefühlsmeditation ergänzen.

Sie können diese Meditation immer dann ausführen, wenn Sie sich selbst gerade liebevolle Zuwendung schenken möchten. Das ist etwas ganz Wunderbares und stärkt Ihre liebevolle, fürsorgliche Bindung zu sich selbst. Ich weiß, dass dies für manche ungewohnt ist, da einige so erzogen wurden, sich eher um andere zu kümmern als um sich selbst. Doch gerade wenn es Ihnen so geht, möchte ich Sie ermutigen: Schenken Sie sich Ihre Aufmerksamkeit. Sie sind wichtig! Genauso wichtig wie alle anderen auch. Sie haben es verdient, allein dadurch, dass Sie auf dieser Erde sind. Sie dürfen glücklich sein. Sie dürfen sich wohlfühlen. Sie dürfen sich alles Gute und Liebe wünschen, und Sie dürfen lieb zu sich sein!

Abschied nehmen – Loslass-Rritual

Da wir uns nun dem Ende des Jahreskreises nähern, ist diese Zeit besonders geeignet, bewusst zu verabschieden, was sich überholt hat oder was wir in diesem Jahr verloren haben. Das kann eine Lebenssituation, eine Liebe, ein Mensch oder ein Tier gewesen sein. Wenn es in Ihrem Leben etwas gibt, was Sie gehen lassen mussten, so möchte ich Sie einladen, in dieser Woche oder auch heute noch ein kleines Ritual für sich zu gestalten. Sie brauchen dafür ein Blatt Papier, einen Stift, eine feuerfeste Schale oder einen Kochtopf. Stellen Sie die Schale oder den Topf dort auf, wo Sie etwas sicher verbrennen können. Vielleicht im Garten oder auf Ihrem Balkon.

Schreiben Sie auf einen Zettel, was Sie gerne loslassen möchten, eine Illusion, eine Person, ein Lebensabschnitt … Schreiben Sie alles auf. Lesen Sie es sich dann noch mal durch. Bitten Sie Ihre hilfreichen Segenskräfte zu diesem Ritual. Das kann durch ein kleines Gebet sein, das Sie immer dann nutzen, wenn Sie Hilfe brauchen, oder einfach dadurch, dass Sie in Ihren eigenen Worten um ihren Beistand bitten.

Dann verbrennen Sie den Zettel mit der inneren Intention, damit all das in Neues und Stimmiges transformiert wird (Sie brauchen nicht zu wissen, was das sein soll). Bedanken Sie sich für die Lehrstücke, Erfahrungen und Geschenke, die Sie dadurch in diesem Jahr bekommen haben – auch wenn etwas für uns schwer ist, wir können daran wachsen.

Gehen Sie anschließend zu einem Bach oder Fluss, und streuen Sie die Asche mit guten Wünschen hinein. Die »Möge«-Sätze der Mitgefühlsmeditation können hier sehr passend sein – sei es für Sie selbst oder für die Person oder das Tier, welches Ihr Leben verlassen hat.

Machen Sie nun einen langen Spaziergang. Wenn Sie das Bedürfnis danach haben, baden oder duschen Sie danach. Empfehlenswert ist ein Bad in Meersalz. Sollten Sie keine Badewanne haben oder nicht gerne baden, vermengen Sie etwas Meersalz mit Ihrem Duschgel und waschen sich damit ab. Das klärt Ihre Energien und ermöglicht einen Neuanfang.

Anschließend formulieren Sie einen positiven Wunsch für das kommende Jahr. Schreiben Sie ihn auf, sprechen Sie ihn dreimal laut aus, und dann legen Sie ihn auf Ihren Altar, vielleicht unter eine Heiligenstatue oder unter einen Kerzenhalter. So ist energetisch für den Wunsch gut gesorgt. Wann immer Sie beispielsweise eine Kerze im Halter entzünden, bekommt der Wunsch Energie. Und die Heiligen, nun, die wachen eh die ganze Zeit über uns. Sobald wir den Wunsch ausgesprochen haben, befindet er sich bereits energetisch im universalen Feld des Potenzials. Nachdem Sie all das getan haben, schließen Sie das Ritual damit ab, dass Sie sich bei Ihren hilfreichen Segenskräften für ihre Unterstützung bedanken und sie aus dem Ritual entlassen.

Es ist wichtig, dass wir – ganz gleich, was gewesen ist – Frieden im Herzen bewahren. Ich weiß, wie herausfordernd das manchmal sein kann, vor allem dann, wenn eine Situation besonders verletzend oder gar zerstörend war. Doch wenn wir in der gleichen Weise handeln oder sprechen, wie die Person, die uns verletzt hat, setzen wir diese unheilvollen Energien weiter fort. Warum Sie Ihrem Widersacher alles Liebe und Gute mit auf den Weg geben sollen? Eben damit sich die zerstörerische Energie verwandelt. Sie verwandelt sich aber nicht, indem wir Gleiches mit Gleichem vergelten, sondern erst dadurch, dass wir genau das Gegenteil tun: in Liebe und Frieden sprechen statt in Hass und Zorn.

So zu leben befriedet unser Herz zutiefst, auch wenn wir die Person nie wiedersehen möchten und werden. Wir brauchen mit ihr nichts mehr zu klären, wir brauchen es nur mit uns selbst zu klären. Hass ist ein starkes Band. Es wird erst durch Güte und Friedfertigkeit gekappt. Versuchen Sie es. Es braucht nichts Rührseliges zu sein, manchmal reicht es schon, wenn wir freundlich neutral sprechen.

Herzenskraft verströmen

In den vorangegangenen Wochen haben Sie sich ganz bewusst dem Füllen Ihres Herzens gewidmet und sich mit Freude, Dankbarkeit und Liebe genährt. Da nun Weihnachten, das Fest des Lichtes und der Liebe, immer näher kommt, lassen Sie uns all diese wundervollen Gefühle auch mit anderen teilen.

Beginnen Sie spielerisch und leicht, Ihre wundervolle Herzenskraft zu verteilen. Sie können sich beispielsweise vorstellen, wie Sie mit der bewussten Ausatmung liebevolle, dankbare Herzenskraft um sich herum verströmen und jeder, der Ihnen begegnet, davon berührt und gesegnet wird. Lassen Sie Liebe und Güte aus Ihren Augen strahlen, wenn Sie mit jemandem sprechen oder sich etwas anschauen. Schauen Sie mit liebevollen, gütigen Augen auf die Welt. Lassen Sie, wann immer Sie etwas mit den Händen tun, beispielsweise jemandem die Hand geben oder Ihren täglichen Verrichtungen nachgehen, liebevolle Aufmerksamkeit und Wertschätzung aus Ihren Händen fließen.

Keine Sorge, Ihre Freude, Liebe und Dankbarkeit wird sich dadurch nicht verringern. Ganz im Gegenteil! Sie fließt weiter in Ihr Herz. Das Verströmen der Herzenskraft nährt uns selbst tief und lässt uns noch glücklicher, liebevoller und freudvoller werden, denn es gibt beim Geben ein besonderes Phänomen: Was wir mit anderen teilen, strömt auch zu uns. Unser Herz wird immer voller und leuchtender, je mehr wir andere mit Freude, Dankbarkeit und Liebe beschenken. So ist immer ganz viel da.

Und plötzlich nehmen wir teil an dem Weihnachtswunder, dem Wunder des erstrahlenden Lichtes, das weitergegeben wird – von Person zu Person, von Herz zu Herz, ganz unabhängig von Alter, Nationalität, Bildung oder Beruf. Das Wunder kann geschehen, wenn wir es geschehen lassen und unser Herzenslicht weitergeben. Es bedarf nur eines Funkens. Entflammt dieser Funke, wird auch das tiefste Dunkel erhellt. Wenn wir diesen Funken nähren und behüten, wird er immer stärker leuchten und warm unser Leben erstrahlen lassen. Das ist Weihnachten, so wie es gemeint ist.

An diesem Wunder können wir weiter teilhaben, auch wenn die Weihnachtszeit längst verklungen ist. Weihnachten, die geweihten und gesegneten Nächte, klingt in uns nach. Wir fahren fort, das Licht zu nähren und weiterzugeben. Dieses Licht ist unser Herzens- und Lebenslicht, unser Lebensfunke, der uns Trost und Kraft spenden kann, selbst wenn unser Jahr in manchen Momenten dunkel ist. Diese Momente bergen auch schon die Wende in sich. Erinnern Sie sich daran, dass es gerade die Dunkelheit ist, die dem Licht seine Kostbarkeit verleiht, und dass in der Dunkelheit das Licht am wärmsten und hellsten strahlen kann.

Eines der Feste, die uns daran erinnern sollen, dass es Hoffnung gibt und das Licht über die Dunkelheit siegen kann, ist die anstehende Wintersonnenwende. Ja, das Licht stirbt. Es verglimmt, wie so oft auch in unserem Leben. Und doch, das Leben ist stark – es strebt nach Gleichgewicht. Das eine kann nicht ohne das andere sein. Es ist der sichtbare Prozess der Erneuerung in unserem Leben genauso wie in der Natur. Der Winter muss einziehen, damit sich später der Frühling in seiner ganzen Pracht entfalten kann. Die Dunkelheit muss aufziehen, damit die Helligkeit ihre Strahlkraft bekommt.

Mit dieser letzten Adventswoche sind die Vorbereitungszeit und der Übergang vom Herbst in den Winter abgeschlossen. So wünsche ich Ihnen eine ganz wunder- und liebevolle vierte Adventswoche.

Am 21. Dezember ist es so weit: Die dunkelste und längste Nacht des Jahres bricht an. Lassen Sie uns die Wintersonnenwende und die Wiederkehr des Lichtes gemeinsam erleben.

Die Wintersonnenwende

*H*eute, am 21. Dezember, ist die dunkelste Nacht des Jahres – und aus dem Schoß der Dunkelheit wird das Licht wiedergeboren. Die Feier der Wintersonnenwende ist eines der ältesten Feste der Menschheit und markiert einen existenziellen Wendepunkt im gesamten Jahresverlauf. Es ist das direkte Pendant zum Sommersonnenwendfest.

Die Feier des Lichtes

So möchte ich Sie heute zur Feier des Tages oder der Nacht zu einem kleinen Sonnenwendritual einladen. Sie können dieses Ritual ganz für sich allein ausüben, Sie können aber auch Ihre ganze Familie zusammentrommeln und diese wunderbare Nacht mit Ihren Lieben festlich-fröhlich begehen, wie ein vorgezogenes Weihnachtsfest – ja, eigentlich ist es das ursprüngliche »Weihe-Nacht-Fest«. Ihre Kinder werden sich wahrscheinlich freuen, wenn Sie jetzt schon mit den Feierlichkeiten anfangen.

Sie können etwas Leckeres zusammen kochen und dann am Abend bewusst alle Lichter und Kerzen löschen. Das kann aufregend für Kinder sein, insbesondere wenn man es mit einer kleinen Nachtwanderung verbindet, um die Dunkelheit wirklich zu erspüren. Praktischerweise wird es schon ab 17 Uhr dunkel, sodass Sie bereits am frühen Abend losziehen können. Wenn Sie keine Lust auf einen Nachtspaziergang haben, kuscheln Sie sich in der Dunkelheit zusammen, und erleben Sie gemeinsam für ein paar Momente das Fehlen des Lichts.

Ganz gleich, ob Sie die Feier des Lichts gemeinsam mit Ihrer Familie oder für sich allein gestalten, machen Sie ein Fest daraus!

Wie es sich für ein Fest gehört, schaffen Sie erst Ordnung, machen sauber und entsorgen, was noch entsorgt werden muss, wie alte Kleidung, Altglas oder Papier. Wir zelebrieren heute einen Wendepunkt, und dies kann durch Klarheit und Sauberkeit im Außen sehr unterstützt werden. Bereiten Sie ein kleines Festmahl vor, schmücken Sie den Tisch weihnachtlich nach Ihrem Geschmack. Stellen Sie auf Ihren Altar an Ihrem Meditationsplatz – oder auch im Wohnzimmer, wenn Sie mit Ihrer Familie zusammen feiern möchten – ein Windlicht mit einer frischen weißen Kerze. Legen Sie sich Streichhölzer parat. Anschließend gehen Sie duschen oder baden (Meersalz ist hier wieder bestens geeignet) und kleiden sich dann in frische saubere Kleidung.

Ich möchte Ihnen zwei Möglichkeiten vorschlagen, wie Sie dieses Fest gestalten können: entweder drinnen mit einem Indoor-Ritual oder draußen mit einem Outdoor-Ritual. Wie immer können Sie meine Vorschläge nach Ihrem Belieben auch abwandeln oder ergänzen.

Indoor-Ritual

Wenn es dunkel geworden und alles bereit ist, löschen Sie feierlich alle Kerzen und elektrischen Lichter. Setzen Sie sich in die Dunkelheit, vielleicht sogar (gerade wenn Sie allein feiern) auf Ihren Meditationsplatz, und lassen Sie sie bewusst auf sich wirken. Erspüren Sie: Was löst die Dunkelheit in Ihnen aus? Wohlige Geborgenheit, Ruhe oder eher Unsicherheit? Geben Sie sich ein bisschen Zeit, die Dunkelheit zu erfahren. Wann immer Sie die Dunkelheit für sich genug erspürt haben, gehen Sie zu Ihrer vorbereiteten Kerze. Entzünden Sie bewusst das Streichholz, und erleben Sie das erste Glimmen, wie es die Dunkelheit erhellt und zu einer Flamme wird. Entzünden Sie mit dieser Flamme feierlich Ihre Kerze.

Nun ist das neue Licht geboren. Kommen Sie auf Ihrem Meditationsplatz oder wo immer Sie sich gerne zum Nachspüren hinsetzen möchten, zur Ruhe. Sitzen Sie bewusst im goldenen Schein der Kerze, und nehmen Sie wahr, wie Sie sich mit diesem Licht fühlen. Die tief dunkle Zeit ist nun vorüber. Das Licht hat gesiegt. Lassen Sie das Licht so lange brennen, wie es Ihnen möglich ist. Früher wurde dieses Licht das ganze Jahr über als Herdfeuer bewahrt. Wenn Sie gerne an diese alte Tradition anknüpfen möchten, können Sie das Licht in einer Laterne an einen sicheren Ort stellen und es immer wieder mit einer neuen Kerze am Leben halten, bis zur nächsten Wintersonnenwende oder solange es eben möglich ist.

Anschließend gönnen Sie sich ein Festessen.

Zur Unterstützung des Rituals können Sie auch gerne die folgende Meditation nutzen:

Die Sonnenwend-Meditation

Nehmen Sie wieder eine für Sie angenehme und aufrechte Meditationsposition ein. Polstern Sie sich aus, und machen Sie es sich richtig bequem. Nun kommen Sie in der Dunkelheit vollständig zur Ruhe. Spüren Sie den Boden unter sich. Die Festigkeit und Stabilität Ihres Sitzes. Lassen Sie Ihr ganzes Gewicht auf den Boden sinken. Die Dunkelheit umfängt Sie wie ein samtener Mantel. Sinken Sie immer tiefer in die Erfahrung der Nacht. Was können Sie hören? Was können Sie noch sehen?

Nun richten Sie Ihre Aufmerksamkeit ganz bewusst auf Ihren Atem. Nehmen Sie das beständige Auf und Ab Ihrer Bauchdecke wahr, das Wellen auf dem Wasser gleicht. Der Atem fließt, beständig, ein und aus. Der Körper dehnt sich aus und zieht sich wieder zusammen – Ebbe und Flut, Kommen und Gehen.

Sitzen Sie in der Stille der Nacht, und spüren Sie das Dunkel um sich herum. Erspüren Sie, was die Dunkelheit in Ihnen auslöst? Verweilen Sie, solange Sie mögen. Geben Sie sich in Ruhe Zeit, die Dunkelheit für sich zu erleben.

Und nun ist er da, der besondere Moment, auf den Sie sich jetzt die ganze Zeit vorbereitet haben. Erheben Sie sich nun von Ihrem Platz, und gehen Sie zu Ihrer vorbereiteten Sonnenwendkerze. Nehmen Sie die Streichhölzer auf und entzünden Sie eines voll feierlicher Bewusstheit. Sehen Sie zu, wie das erste Aufflammen das Dunkel sofort erhellt, und geben Sie die Flamme nun direkt an die Kerze weiter. Schauen Sie in die Kerzenflamme. Es ist so weit. Das neue Licht ist geboren. Goldener Schein erfüllt nun wieder den Raum. Der Bann der Dunkelheit ist gebrochen. Das Licht ist wieder da.

Setzen Sie sich langsam und bewusst wieder auf Ihren Meditationsplatz, und so, wie Sie eben die Dunkelheit bewusst erspürt haben, lassen Sie nun das Licht auf sich wirken. Sitzen Sie im goldenen Schein der Kerze, und erspüren Sie, was das Licht in Ihnen auslöst.

Verweilen Sie im Schein der Kerze, solange Sie mögen. Die Adventszeit ist nun vorüber. Das Licht hat über die Dunkelheit gesiegt. Beenden Sie die Meditation erst, wenn es für Sie stimmig ist, und lassen Sie die Kerze brennen, als Symbol des ewigen Lichtes.

Outdoor-Ritual

Wenn Sie (und Ihre Familie) etwas abenteuerlustiger sind, dann können Sie dieses Sonnenwendritual auch wunderbar draußen ausführen. Am besten suchen Sie sich dazu schon ein paar Tage vorher einen Ort, an dem Sie Feuer machen können. Machen Sie nun eine kleine Nachtwanderung dorthin, und lassen Sie sich auf dem Weg von der Dunkelheit berühren. Die Geräusche sind vielleicht etwas intensiver, Ihre Sinne wacher. Wie reagieren Sie? Wie fühlen Sie sich? Und wie reagiert Ihre Familie? Am Feuerplatz angekommen, bereiten Sie alles für das Lagerfeuer vor. Wichtig ist, dass der Feuerplatz sauber ist und Sie nur unbehandeltes natürliches Holz, vielleicht sogar selbst gesammeltes, verwenden. Bevor Sie das Feuer entfachen, sitzen Sie noch einen Moment in der Dunkelheit in Stille. Und nun entzünden Sie ganz bewusst das Feuer mit einem Streichholz. Erspüren Sie, was sich verändert, was die Wärme und das Licht mit Ihnen und Ihrem Gemüt machen. Verweilen Sie. Doch gestalten Sie das Ritual bitte nicht zu heilig. Es ist ein freudiges Ereignis. Erzählen Sie sich in der Familie Geschichten, backen Sie Stockbrot, singen Sie zusammen Lieder. Lassen Sie den Abend freudig ausklingen, sodass sich Wärme und Licht im Herzen ausbreiten. Nehmen Sie sich am Ende, bevor das Feuer abgebrannt ist, die Flamme mit einer Kerze in einer Laterne mit nach Hause.

Wenn Sie es noch etwas traditioneller haben möchten und sich damit auskennen, können Sie das Feuer wie in alten Zeiten per Hand, z. B. mit einem Drillbogen oder mit Feuersteinen und Zunder, entfachen, statt mit einem Streichholz. Wenn wir selbst Feuer machen, ohne ein Feuerzeug oder Streichholz, bekommen wir ein Gefühl dafür, wie kostbar es ist. Denn wenn wir es endlich mit Mühe und körperlichen Einsatz geschafft haben, dass die ersten Funken in dem Zunder glimmen, freuen wir uns riesig und geben alles, damit aus dem Glimmen ein Feuer wird.

Das Licht ist nun wieder in der Welt, und der Heilige Abend, das christliche Weihnachtsfest, ist ganz nah. Tragen Sie das Licht der Sonnenwende, das Licht Ihres Herzens nun in die Welt. Behüten Sie es. Sie haben in den letzten Wochen viel darüber erfahren, wie Sie inmitten der Dunkelheit Ihr Licht leuchten lassen können. Sie können jederzeit, das ganze Jahr über, darauf zurückkommen, was immer auch geschieht. Die Meditationen, die Freude, die Dankbarkeit und die Liebe sind immer an Ihrer Seite. Sie sind in Ihnen wirksam. Nichts und niemand kann Ihnen nehmen, was Sie in sich kultiviert haben.

Weihnachtssegen

Wir sind nun am Ende unserer gemeinsamen Reise durch die Adventszeit angekommen. Ich hoffe, Sie hatten viel Freude und gehen genährt in die Weihnachts- und Rauhnächtezeit. Zur Heiligen Nacht möchte ich Ihnen einen Weihnachtssegen mit auf den Weg geben, den ein lieber Freund von mir verfasst hat, dessen Segenswünsche ich sehr schätze.

Im Anschluss daran werde ich Ihnen noch einen kleinen Einblick in die Rauhnächte geben und Ihnen einige Vorschläge machen, wie Sie diese magischen Tage vom ersten Weihnachtstag bis zu den Heiligen Drei Königen am 6. Januar gestalten können – falls Sie Ihre Reise weiter fortsetzen möchten.

Doch jetzt erst einmal der wunderbare Weihnachtssegen von Dirk Grosser:

Weihnachtssegen

Möge das Licht der Verwandlung,
das in diesen Tagen aus dem Dunkel hervorsteigt
und in so vielen abendlichen Fenstern leuchtet,
auch in deinem Herzen aufscheinen –
dich mit Frieden und Stille erfüllen,
dir Vertrauen in die Menschlichkeit schenken
und dich in eine grenzenlose Weite führen.

Mögest du dich von diesem Licht der Wirklichkeit
in deinem Innersten berühren lassen
und es mit geöffneten Händen zurück in die Welt tragen –

auf dass in deinem Haus, deinem Dorf, deiner Stadt, deinem Land
Fremde zu Freunden werden können
und jeder weiß, dass das wirklich Wichtige im Leben
niemals weniger wird, wenn man es teilt.

Möge diese immer wieder neue Geburt des Lichtes
dir Augenblicke des achtsamen Staunens schenken,
dich erfreuen und deine Seele leicht machen –
sodass jedes Kinderlachen und jeder Kerzenschein,
jeder offene Blick und jede kleine freundliche Geste
deine Hoffnung nähren und dich daran erinnern,
dass das Wunder der Weihnacht in dir und mit dir lebendig wird.

Dirk Grosser

DIE RAUHNÄCHTE

Eine Zeit voller Magie

In der Nacht vom 24. auf den 25. Dezember beginnen die zauberhaften Rauhnächte, und es ist ein altüberlieferter Brauch, diese magische Zeit bis zum Dreikönigstag rituell zu genießen. Schon als ich noch ein Kind war und noch gar nichts von Rauhnächten wusste, erschienen mir diese Tage als eine ganz besondere Zeit. Es fühlte sich für mich an, als würde es diese Zeit eigentlich nicht geben, als wäre sie eine »Nichtzeit«, eine Zeit zwischen der Zeit. Weihnachten war vorüber, damit war die Luft irgendwie raus, doch es war noch nichts Neues angebrochen. Alles war so still, so schläfrig, wie im Zauber.

Die Bedeutung der Rauhnächte

Wie Sie schon in der Einleitung dieses Buches lesen konnten, beginnen die Rauhnächte – auch Raunächte genannt – am 25. Dezember und gehen bis zum 6. Januar. Für manche fangen sie gefühlt schon am 21. Dezember zur Wintersonnenwende an. Es gibt verschiedene Auslegungen und Bräuche, wie und ab wann die Rauhnächte begangen werden.

Die Rauhnächte entstanden durch die Zusammenlegung des Mond- und Sonnenkalenders. Seit jeher wurde in dieser Zeit orakelt und gebetet. Man erzählte sich alte Weisheitsgeschichten und hielt nach einem langen arbeitsreichen Jahr Ruhe, während die Stürme und die wilde Jagd über das Land zogen und man besser im Haus am warmen Feuer blieb. Dieser Brauch wird zum Teil bis heute gepflegt. Viele Menschen nehmen sich in dieser Zeit intuitiv Urlaub zum Verschnaufen, auch ohne über die Rauhnächte zu wissen. Wer noch arbeiten geht, lässt es meist langsamer angehen, und die Schulferien enden gewöhnlich erst mit dem Dreikönigstag.

Rauhnachtszeit – Orakelzeit

Früher waren die Rauhnächte eine sehr intensive Orakelzeit, in der man um Zeichen für den Verlauf des neuen Jahres bat. In dieser Zeit sollten die Schicksalsmächte gnädig gestimmt und durften keinesfalls verärgert werden. Streit und Türenknallen sollten vermieden werden, und das Tagewerk sollte ein wenig ruhen. Wäsche sollte möglichst nicht gewaschen werden. Musste man doch waschen, sollte man die Wäsche möglichst nicht im Freien aufhängen, da die Geister der wilden Jagd, die in den Rauhnächten über die Lande zogen, sich sonst darin verfangen konnten. Und wer wollte sich schon mit einem zornigen Gott Odin oder Frau Holle anlegen, die mit ihrem wilden Geisterheer um die Häuser flogen. Räucherungen, kleine Opfergaben und gute Wünsche sollten die Götter gnädig stimmen. Zusätzlich wurde um Schutz und gutes Gelingen gebetet.

Die Reise durch die Rauhnächte gleicht – genauso wie die Adventszeit – einer Reise durch den Jahreskreis. Doch anders als in der Adventszeit wird in den Rauhnächten regeneriert, vorausgeschaut und das neue Jahr vorbereitet.

Dabei werden jeder der 12 Rauhnächte ein Monat und die dazugehörige Jahreszeit zugeordnet. An jedem Tag in der Zeit der Rauhnächte werden das Wetter, die nächtlichen Träume, Visionen und auch Orakelkarten gedeutet, um eine Vorausschau für die jeweiligen Monate des neuen Jahres zu haben.

Was mir diese Zeit bedeutet

Ich empfinde die Rauhnächte als eine stille Zeit und schon seit Kindheitstagen als ein Niemandsland zwischen einem Ende und einem neuen Anfang. Es ist wie eine kleine Atempause, in der ich persönlich heute am liebsten für mich bin und sinniere, spazieren gehe, schreibe und meist auch sehr intensiv träume.

Im Laufe der Jahre habe ich für mich diese intuitive Zeit der Rauhnächte ritualisiert, und das Wissen um die altüberlieferte Bedeutung dieser Zeit gab meinen eigenen Erfahrungsprozessen noch mehr Tiefe.

Für mich ist dies grundsätzlich eine Zeit, in der ich mich gerne zurückziehe und mich mit mir in Klausur begebe, Altes in Würde abschließe und mich auf das neue Jahr einstimme. Wie Sie vielleicht schon wissen, habe ich über diese Klausur ein Buch geschrieben, in dem ich meine Erfahrungen und Rituale mit Ihnen teile.

Was diese Zeit uns schenken kann

Durch die Adventszeit vorbereitet, lädt uns jetzt die Rauhnachtszeit ein, es der Natur gleichzutun und tief zur Ruhe zu kommen. Sie kann uns helfen, gründlich zu regenerieren, uns selbst wieder mehr spüren zu lernen und unserer inneren Stimme zu lauschen. In ihr können wir die Weihnachtszeit und all die Prozesse, die in uns mit der Adventszeit begonnen haben, noch einmal vertiefen.

Die Rauhnächte sind eine ganz besonders magische Wunsch- und Manifestationszeit für das kommende Jahr, in der wir die Samen für das Neue setzen können. Stille, Langsamkeit, Muße und Zeit helfen dabei sehr. Achtsamkeitsmeditationen, einfache Rituale wie Räucherungen und kleine Feuer- oder Kerzenrituale sowie Naturbegegnungen und Spaziergänge zu Kraftplätzen unterstützen uns sehr in diesem Prozess. Sie verbinden uns mit dem großen Ganzen. Wir können uns wieder als spirituell eingebundene Wesen erleben, umgeben von etwas grundlegend Heiligem, das immer da ist, immer da sein wird, in uns ist und in jedem Wesen der Natur aufscheint. Manchmal verlieren wir in unserem geschäftigen und städtisch geprägten Alltag unseren Bezug zum Göttlichen. Die Rauhnächte können uns helfen, uns wieder mit uns und dem göttlichen Licht, auf das wir uns in der Adventszeit vorbereitet haben, zu verbinden.

Achtsamkeit trägt dazu bei, diesen Prozess voller Bewusstheit zu vollziehen. Sie ist eine große Stütze, um still zu werden, bei uns und im gegenwärtigen Moment anzukommen, dort zu verweilen und mit dem in Kontakt zu kommen, was gerade ist.

Die Rauhnachtszeit – im Retreat und zu Hause

Sie können diese Zeit in einer Art Klausur – einem sogenannten Retreat – verbringen, entweder bei sich zu Hause oder an einem anderen schönen Ort, an dem Sie sich wohl- und geborgen fühlen. Doch auch wenn Sie arbeiten oder Ihre Familie versorgen müssen, lässt sich die Zeit der Rauhnächte gut nutzen, indem Sie Nischen finden, in denen Sie für sich sein können. Vielleicht haben Sie in der Adventszeit schon Momente in Ihrem Tagesablauf entdeckt, in denen Sie ungestört sein können. Möglicherweise am frühen Morgen, während Ihre Familie noch schläft, oder am Abend, wenn die Kinder im Bett sind und der Partner oder die Partnerin vielleicht vor dem Fernseher sitzt. Der frühe Morgen und der Abend sind sehr hilfreich, denn gerade in der Stille der Dunkelheit erwacht unsere innere Stimme.

Die Rauhnächte sind eine rein intuitive Zeit, in der Sie sich sehr mit Meditationen, Gebeten, Spaziergängen und schöner Musik unterstützen können. Auch sich selbst etwas Gutes tun, wie baden oder in die Sauna gehen, Tagebuch schreiben, das Jahr noch mal abschließend Revue passieren lassen, dabei Altes bewusst in Frieden verabschieden und Wünsche für das neue Jahr in sich wachsen lassen, passt hervorragend in diese Zeit. Die Räucherungen, die Sie in der Adventszeit lieb gewonnen haben, können

Ihnen auch in der Rauhnachtszeit eine heimelige geborgene Atmosphäre bereiten. Die gesamte Wohnung kräftig auszuräuchern hilft dabei, sich von alten Energien kraftvoll zu verabschieden und Neues einzuladen. Tun Sie, was immer für Sie gut ist. Genießen Sie die Stille, die Dunkelheit und auch den sanften Schein der Kerzen.

Manchmal werde ich gefragt, was man tun könne, wenn das Umfeld eher weniger mit einer spirituellen Praxis anfangen kann und diese lächerlich macht oder gar sabotiert. Das ist kein Problem, denn Sie können völlig unauffällig im Verborgenen praktizieren, so wie es Menschen jedweder Ausrichtung schon seit Generationen tun. Es geht weniger darum, was man nach außen sichtbar tut, sondern um das Innere. Wichtig ist, worüber wir uns Gedanken machen und mit welcher Intention wir Handlungen ausführen. Es ist unsere innere Ausrichtung, die aus einer alltäglichen Verrichtung ein Ritual macht – ohne dass es einem Außenstehenden auffällt. Beispielsweise nehmen Sie ein Bad oder duschen. Zum Ritual wird dies, wenn Sie sich dabei vorstellen, wie Sie energetisch gereinigt werden.

Äußerlich machen Sie nichts Ungewöhnliches. Sie baden oder duschen – wie immer. Sie zünden Kerzen an – wie häufig in der dunklen Jahreszeit. Sie sitzen für einen Moment still in Ihrem Lieblingssessel, und es sieht aus, als würden Sie sich entspannen oder schlafen, dabei meditieren Sie gerade oder beten. Sie stellen einen Blumenstrauß oder ein Gesteck auf ein Beistelltischchen und zünden davor eine Kerze an. Vielleicht stellen Sie noch ein Bild von einem Menschen, der Ihnen viel bedeutet (beispielsweise Ihre weise verstorbene Oma oder ein geschätzter Lehrer), darauf oder legen einen schönen Stein dazu. Dass dies für Sie ein Altar ist, braucht keiner zu wissen – es sieht von außen wie eine schöne Dekoration aus. Es braucht grundsätzlich niemand zu wissen, was Sie tun.

Vorbereitungen treffen

Damit Sie die Rauhnächte entspannt angehen können, empfehle ich Ihnen, diese Zeit – ähnlich wie die Adventszeit – ein wenig vorzubereiten. Es gibt hierzu altüberlieferte Empfehlungen, die durchaus ihren Sinn haben, denn sie helfen uns, Ruhe zu finden und aufgeräumt in die heiligen Nächte zu gehen.

Ordnung schaffen und Verbindlichkeiten begleichen

Versuchen Sie, bis zum Heiligen Abend möglichst alle Schulden zu begleichen, Geliehenes zurückzugeben, alle offenen Versprechen einzulösen oder Projekte abzuschließen und alles zu entsorgen oder zu verschenken, was Sie nicht mehr brauchen. Lüften und putzen Sie gründlich durch. Waschen Sie noch alles, was an Kleidung gewaschen werden muss, und reparieren Sie, was Ihnen möglich ist.

Damit Sie nicht dauernd erreichbar sein müssen (was in der heutigen Zeit eh schon fast unmöglich ist) und sich etwas Ruhezeiten gönnen können, vereinbaren Sie Kontaktzeiten, sofern dies notwendig sein sollte. Richten Sie einen E-Mail-Responder und einen Anrufbeantworter ein, sodass Sie etwas mehr Ruhe haben und nicht immer auf alles sofort reagieren müssen. Mir hilft es, für diese Zeit die Kontakt-Apps der üblichen sozialen Medien von meinem Handy zu löschen, sodass ich nicht dauernd von hereinkommenden Nachrichten zum Nachsehen verführt werde. Es wirkt nicht nur beruhigend auf mein Gemüt, sondern löst auch die Gewohnheit wieder auf, dauernd »online« zu sein und »nur mal eben zu schauen, ob was Wichtiges passiert ist«.

Zubehör für Rituale besorgen

Nach der Adventszeit sind Ihre Kerzenbestände wahrscheinlich etwas geschrumpft. Füllen Sie Ihren Vorrat an Teelichtern und Kerzen wieder auf, und besorgen Sie sich für die Rauhnächte auch wieder etwas Räucherwerk, wie beispielsweise getrockneten weißen Salbei (lose oder als Räucherbündel), Palo Santo, echten Weihrauch, Rosenblätter, Lavendelblüten, Rosmarin, kleine trockene Tannenzweige (einfach etwas vom Adventskranz nehmen, die sind jetzt schön trocken), Wacholderzweige und -beeren sowie Lorbeerblätter. Wählen Sie nach Ihren persönlichen Vorlieben aus. Wenn Sie es mögen, finden Sie im Handel auch speziell für diese Zeit zusammengestellte Räuchermischungen.

In den Rauhnächten ist es Brauch, die Räume auszuräuchern. Mit dem Räucherstövchen ist das etwas schwierig. Von daher empfehle ich Ihnen, sich für diese Zeit ein tragbares Räucherpfännchen mit Stiel zuzulegen oder alternativ eine feuerfeste Schale, die, mit etwas Sand befüllt, auf einem hitzebeständigen Teller steht. Der Stiel oder der Unterteller ermöglichen Ihnen, das Räuchergefäß durch die Räume zu tragen, ohne dass Sie sich an dem heißen Räuchergefäß die Finger verbrennen.

Besorgen Sie sich auch Glaswindlichter oder Laternen, in denen Sie gefahrlos Kerzen brennen lassen können.

Den Meditationsplatz und die Besinnungsecke erneuern

Während der Adventszeit haben Sie sich vielleicht schon einen kleinen Meditationsplatz und eine Besinnungsecke oder einen Altar erstellt. Vielleicht möchten Sie noch das eine oder andere daran verändern, den Adventskranz entfernen und neue Kerzen oder Blumenschmuck darauf arrangieren. Sollten Sie sich so einen Platz bisher noch nicht eingerichtet haben, jedoch das Bedürfnis dazu verspüren, so ist jetzt eine gute Gelegenheit dafür. Sorgen Sie hier für Behaglichkeit und Klarheit. Räumen Sie Ecken auf, in denen sich bisher alles Mögliche türmte, sodass Sie einen schönen Platz gewinnen und einen aufgeräumten klaren Blick ins Zimmer haben. Dieser Platz kann gerade in der besonderen Zeit der Rauhnächte zu Ihrem persönlichen Kraft- und Ritualplatz werden. Selbstverständlich können Sie auch in den Rauhnächten ein tragbares Tablett als Altar nutzen, sollte es sich bisher als praktikabel erwiesen haben.

Kraftplätze finden

Auch wenn es in den Rauhnächten draußen oft eher ungemütlich ist, kann es eine besondere Erfahrung sein, ein Ritual oder eine Meditation in der Natur auszuführen und den dortigen Energien nachzuspüren. Und so möchte ich Sie einladen, vor den Rauhnächten einen kleinen Orientierungsgang durch ein nahe gelegenes Naturgebiet zu machen und nach ein paar schönen Stellen Ausschau zu halten. Wo gibt es einen gemütlichen Platz unter einem Baum oder auf einer Bank mit einem schönen Blick? Finden Sie Ihre persönlichen Kraftorte.

Ein Notizbuch beschaffen

Machen Sie sich während dieser Zeit in einem kleinen Büchlein oder Heft Notizen zu den einzelnen Tagen. Es kann sehr interessant sein, diese Aufzeichnungen im kommenden Jahr noch einmal zu lesen. Vielleicht sind Sie in einem Monat mit einer unklaren Situation konfrontiert. Dann könnten Ihre Aufzeichnungen aus der Rauhnacht, die diesem Monat zugeordnet ist, eine Hilfe für Sie sein.

Zeiten für die Stille reservieren

Halten Sie sich Zeiten der Stille frei, in denen Sie meditieren, sinnieren, spazieren gehen und kleine Rituale ausführen können. Unsere Intuition braucht die Stille, und auch unser Gemüt kann erst in der Stille wirklich zur Ruhe kommen. Wir brauchen Momente, in denen wir ganz für uns sind, damit wir wieder spüren können, wer wir wirklich sind und welche Gedanken und Gefühle unsere sind. Das geht oft im Alltagstrubel zu Hause und in der Arbeit verloren. Wir gehen uns selbst manchmal regelrecht verloren. Die Rauhnächte können uns wieder mit uns selbst verbinden.

Sie haben sich während des Advents schon ein wenig daran gewöhnen können, sich Zeit für Meditationen, Reflexionen und Rituale zu geben. Wahrscheinlich hat sich für Sie eine Tageszeit als besonders geeignet gezeigt. Wenn Ihnen das schwergefallen ist, gibt es jetzt eine gute Gelegenheit zu schauen, was Sie brauchen oder vielleicht noch organisieren müssen, damit Sie Zeit für sich haben.

Anregungen zur Gestaltung der Rauhnächte

Es gibt viele unterschiedliche Weisen, die Zeit der Rauhnächte zu gestalten. Im Folgenden gebe ich Ihnen einige Anregungen. Setzen Sie einfach das um, was für Sie passt. Gerne können Sie die Vorschläge auch abwandeln.

Der Einstieg in den Tag

Geben Sie sich jeden Morgen einen Moment Zeit zum Reflektieren und Meditieren. Schreiben Sie gleich nach dem Aufstehen Ihre Träume auf, ziehen Sie eine Orakelkarte, und spüren Sie dem Thema des Tages nach. Wählen Sie pro Tag jeweils eine Meditation aus, die Ihnen intuitiv zur jeweiligen Stimmung und Thematik einfällt. So können Sie beispielsweise die Atem-Meditation nutzen, um in die Stille zu gehen, oder die Mitgefühlsmeditation, um Ihr Herz einzuladen.

Lassen Sie sich von der jeweiligen Thematik während des Tages begleiten, und schreiben Sie jeden Tag Ihre Beobachtungen, Reflexionen und Erkenntnisse in Ihr Tagebuch.

Kraftplätze aufsuchen

Sofern das Wetter und Ihre Gesundheit es zulassen, gehen Sie einmal pro Tag in der winterlichen Natur spazieren. Gehen Sie dabei langsam und achtsam. Erspüren Sie das Wetter, die Gerüche und die Stimmung dieser dunkleren Zeit. Vielleicht mögen Sie auch einen Ihrer Kraftplätze besuchen, an dem Sie in Ruhe durchatmen und einfach sein dürfen. Verweilen Sie dort, solange es Ihnen guttut.

Tagebuch schreiben

Schreiben Sie jeden Tag all das auf, was Sie beobachtet und erkannt haben oder worüber Sie gerade nachdenken. Beobachten Sie das Wetter und auch das, was Sie in der Natur erleben und empfinden. Was offenbart sich Ihnen auf einem Spaziergang? Hat das für Sie eine Bedeutung? Was fühlen Sie? Vielleicht wird Ihnen durch eine einfache Naturbeobachtung ein tieferer Zusammenhang einer Lebensthematik klar. Lassen Sie sich berühren. Es geht weniger um die intellektuelle Analyse als vielmehr um etwas, was wir nicht erklären und nicht in Worte fassen können, weil es sich unserem Verstand entzieht – und das ist auch gut so. Spüren Sie hin, lassen Sie sich davon ergreifen, lassen Sie es geschehen. Schauen Sie, was die rauhen Nächte und Tage in Ihnen bewegen.

Das Orakel befragen

Wie bereits erwähnt, sind die Rauhnächte Orakelnächte. Es gibt verschiedene Möglichkeiten, das Orakel zu befragen. Die einen lesen aus dem Kaffeesatz, die anderen legen Karten. Doch bevor es Karten und Kaffee gab, bedienten sich die Menschen der Zeichen der Natur: des Wetters. Eine andere Orakel-Möglichkeit sind nächtliche Träume. Sie können beides ausprobieren. Weder brauchen Sie dafür meteorologisch vorgebildet noch in der Traumdeutung bewandert zu sein. Das Einzige, was zählt, ist Ihre Intuition.

Das Traumorakel

Unsere Träume geben uns Auskunft darüber, was uns gerade beschäftigt. Achten Sie während der Rauhnächte auf Ihre Träume, und notieren Sie sie direkt nach dem Aufwachen in Ihrem Tagebuch. Wichtiger als das Traumgeschehen ist das, was Sie gefühlt haben und was Sie selbst mit den Bildern und Geschehnissen verbinden. Nicht immer sind Traumbilder logisch nachvollziehbar. Sie haben vielmehr einen symbolischen Wert. Versuchen Sie, die Bilder und Szenen als Themenkomplexe zu sehen. So bedeutet beispielsweise das Gefühl, ohne Kleidung dazustehen, nicht unbedingt, dass Sie Ihre Kleider vergessen werden. Vielmehr kann dieses Traumbild Ihre Aufmerksamkeit darauf richten, dass Sie vielleicht befürchten, wegen etwas in Ihrem Leben »bloßgestellt« zu werden.

Ihr Traum kann ein Spiegel Ihrer gegenwärtigen Situation sein. Er kann aber auch eine Ahnung sein in Bezug auf den jeweiligen Monat, für den diese Rauhnacht steht. Meistens weiß man das intuitiv, ob er das eine oder andere ist. Wenn Sie einen Bezug vom Traum zu Ihrer aktuellen Lebenssituation und den unmittelbaren Geschehnissen herstellen können, ist es wahrscheinlich ein Verarbeitungstraum. Geschieht gerade nichts von dem, was im Traum passierte, in Ihrem Leben, dann achten Sie mehr auf Ihr inneres Gefühl. Notieren Sie sich diesen Traum auf jeden Fall in so vielen Details wie möglich. Gab es vielleicht einen Rat, oder haben Sie etwas erfahren, was Sie vorher nicht wussten?

Die Stimmung im Traum und beim Aufwachen kann Ihnen Aufschluss darüber geben, auf welche Weise Sie das Thema des Traums beschäftigt: ob Sie Angst haben, sich hilflos oder wütend fühlen, ob es Ihnen wichtig ist, ob es sich existenziell bedrohlich, nah oder fern anfühlt.

Bei alldem geht es nicht um eine perfekte Traumanalyse, sondern ich möchte Sie ermutigen, Ihre Träume als Hinweisgeber zu sehen. Sie verraten, worüber Sie sich Gedanken machen und was Sie unbewusst bewegt. Manchmal kommt auch nichts wirklich Greifbares dabei heraus. Notieren Sie es sich trotzdem. Wenn Sie später einmal Ihre Aufzeichnungen wieder lesen, kann es sein, dass sie einen Sinn ergeben, der Ihnen zuvor verborgen geblieben war. Vielleicht finden Sie darin einen Hinweis aus Ihrem Unterbewusstsein, der Ihnen hilft, sich mit dem betreffenden Lebensthema bewusst und aktiv auseinanderzusetzen.

Wetterorakel

Beim Wetterorakel beobachten Sie den Verlauf des Wetters über den gesamten Tag. In unserem Zusammenhang steht jeder der zwölf Tage mit seiner Rauhnacht für einen Monat des Jahres. Die entsprechende Zuordnung werde ich im folgenden Kapitel erklären. Was bemerken Sie? Ist es kalt oder warm, feucht oder trocken, nebelig oder klar, regnet oder schneit es – und wenn ja, wie stark? Stürmt es, weht ein laues Lüftchen, oder ist es windstill? Bleibt das Wetter gleich, oder wechselt es im Laufe des Tages? Was löst das jeweilige Wetter in Ihnen aus? Wie fühlt es sich für Sie an, was sagt Ihr Bauch dazu, was für innere Bilder tauchen vor Ihrem geistigen Auge auf, wenn Sie sich den dazugehörigen Monat vorstellen?

Beispielsweise erleben Sie ein erstaunlich mildes Wetter mit lauen Temperaturen, doch ohne Farbe und Sonnenschein. Das mag dahingehend von Ihnen interpretiert werden, dass der dem Tag zugehörige Monat ohne besondere Höhen und Tiefen verläuft. Ob das für Sie gut oder nicht so angenehm ist, obliegt Ihrer persönlichen Sichtweise.

Vielleicht ruft dagegen strahlender Sonnenschein in Ihnen ein Gefühl von Kraft und Freude hervor, und Sie interpretieren das als ein gutes Zeichen: Der zugehörige Monat wird für Sie wunderschön, freudvoll und leicht, oder geplante Projekte werden erfreulich und dynamisch verlaufen. Es kann aber auch sein, dass Sie das Licht als anstrengend und zu gleißend empfinden und daher darauf schließen, dass der zugehörige Monat sehr intensiv und gar zehrend erscheinen wird. All dies hängt ganz von Ihrer persönlichen Interpretation und Empfindung ab. Notieren Sie sich alles, was Ihnen einfällt. Sie werden überrascht sein, wenn Sie es im kommenden Jahr wieder lesen.

Für alle Varianten des Orakels gilt: Versuchen Sie, das Orakel eher spielerisch zu sehen und nicht allzu ernst zu nehmen.

Die Rauhnächte Tag für Tag

Traditionellerweise wird jedem Tag ein Monat zugeordnet. Daraus leite ich, basierend auf meinen eigenen Erfahrungen, jeweils eine intuitiv empfundene jahreszeitliche Qualität ab. Das gibt der Zeit der Rauhnächte thematisch eine gewisse Struktur. Wenn Sie mögen, übernehmen Sie diese und füllen sie intuitiv mit eigenen Ideen, für Sie passenden Übungen und Ritualen zur Besinnung, Reinigung und Neuausrichtung auf.

Sollten Sie an einem Tag eine andere Zeitqualität empfinden als die hier angegebene, so spüren Sie ihr ruhig nach und berücksichtigen Ihr Empfinden, denn all dies sind lediglich Vorschläge.

1. Rauhnacht 25. Dezember (Januar) – Reinigung und Ruhe
Beginnen Sie die erste Rauhnacht mit etwas Zeit für sich zur Vorbereitung und Klärung. Ein Saunabesuch, ein Meersalzbad, ein ausgedehnter Spaziergang und eine Salbeiräucherung unterstützen Sie darin, sich auf das Retreat einzustimmen und zur Ruhe zu kommen. Wie der Januar in der Natur ein Ruhemonat ist, so können auch wir heute in Ruhe sein.

2. Rauhnacht 26. Dezember (Februar) – In die Stille gehen
Heute beginnt Ihr Retreat. Erlauben Sie sich, aus der weihnachtlichen Ge-

schäftigkeit in die Stille zu gehen. Beginnen Sie den Tag mit einer Atem-Meditation, und spüren Sie auf einem Spaziergang der winterlichen Stille in der Natur nach.

3. Rauhnacht 27. Dezember (März) – Das Sein entdecken
Kommen Sie dem Sein auf die Spur. Beginnen Sie den Tag wieder mit einer Atem-Meditation. Führen Sie diese informell weiter fort, indem Sie sich während des Tages immer mal wieder Momente des Nichtstuns gönnen und sich in Muße üben. Ganz wie im März, der uns lehrt, auf das Wachstum in der Natur zu warten und uns in diesem Warten zu entspannen.

4. Rauhnacht 28. Dezember (April) – Gelassenheit einladen
Gelassenheit bedeutet, Kontrolle loszulassen. Wir können zwar Samen setzen und für gute Bedingungen sorgen, doch dann benötigt alles unseren liebevollen und gelassenen Blick, damit es sich in seiner Zeit entfaltet. Spüren Sie dem heute nach. Wünsche und Gebete helfen, all unser Streben und Sein einem Größeren als uns selbst zu übergeben.

5. Rauhnacht 29. Dezember (Mai) – Fülle erleben
Dieser Tag verbindet uns mit dem Wonnemonat Mai. Dem Moment, in dem die Natur in ihre Kraft und Blüte kommt. Spüren Sie heute Ihrer Lebensfülle nach. Wo überall fühlen Sie sich beschenkt, was nährt Sie, was für Geschenke und Segnungen sind in Ihrem Leben? Verschenken Sie heute

die Fülle. Bringen Sie Futterspenden hinaus in die Natur, und wünschen Sie allen Wesen Glück, Gesundheit und Wohlstand.

6. Rauhnacht 30. Dezember (Juni) – Das Herz einladen
Der Juni markiert die Hochzeit des Lichtes – die Sommersonnenwende. Spüren Sie heute dem Thema Licht und auch dem damit verbundenen Schatten in Ihrem Leben nach. Die Mitgefühlsmeditation aus der vierten Adventswoche kann Sie heute unterstützen, in Ihrer Herzkraft zu verweilen. Zusätzlich hilft eine herzöffnende Räucherung mit Rosenblüten oder Rosenweihrauch.

7. Rauhnacht 31. Dezember (Juli) – Den Übergang feiern
Heute ist der Silvester. Dieser Tag eignet sich perfekt, um das Jahr noch mal zu würdigen, dann mit guten Wünschen abzuschließen und einen Wunschbrief für das kommende Jahr ans Universum zu schreiben. Eine kräftige Salbeiräucherung des gesamten Zuhauses unterstützt den reinigenden Prozess.

8. Rauhnacht 1. Januar (August) – Glück verschenken
Traditionellerweise ist dies ein Tag für Neujahrsglückwünsche und Gesten der Großzügigkeit. So können Sie heute auf einem Neujahrsspaziergang den Tieren Winterfutter bringen, Freunde zum Brunch einladen und/oder ganz bewusst gute Wünsche für sich und andere sprechen. Glück zu verschenken ist eine wundervolle Geste des Herzens. Und sollten Sie sich heute etwas aufgewühlt und unsicher fühlen in Anbetracht dessen, was das Jahr wohl

bringen mag, gönnen Sie sich noch etwas Einkehr und Stille mit einer Atem-Meditation.

9. Rauhnacht 2. Januar (September) – Die Muße entdecken

Das neue Jahr ist zwar schon da, doch es ist noch nicht die Zeit, sofort loszustürmen. Gut Ding will Weile haben. Unsere Geduld ist gefragt. Dieser Tag lädt uns ein, uns in Muße zu üben und Kräfte für das Neue zu sammeln. Geben Sie sich heute immer mal wieder zwischendurch 2–3 Minuten bewusstem süßem Nichtstun hin. Gucken Sie Löcher in die Luft, ruhen Sie aus, ohne Notizen zu schreiben oder aktiv Pläne zu schmieden. Einfach mal nichts tun, nichts erreichen, nichts durchdenken. Da zu sein reicht!

10. Rauhnacht 3. Januar (Oktober) – Frieden schließen

In Frieden mit sich selbst zu sein bildet die Basis für jegliche heilsame Veränderung und Neugestaltung des eigenen Lebens. Die Mitgefühlsmeditation kann Sie heute darin gut unterstützen. Für den Alltag kann es heute sehr hilfreich sein, immer wieder darauf zu achten, wie Sie mit sich sprechen. Falls Sie mit sich nörgeln oder schimpfen, dann finden Sie aktiv freundliche, unterstützende Worte für sich selbst.

11. Rauhnacht 4. Januar (November) – Wandel annehmen

Die heutige Rauhnacht ist energetisch dem November zugeordnet, dem sogenannten Totenmonat. Lernen wir, die Vergänglichkeit und den Wandel als natürlich anzuerkennen, fällt es uns leichter, die Veränderlichkeit unseres eigenen Lebens zu durchleben. Spüren Sie der Thematik heute etwas nach: Was bedeutet Wandel für Sie? Wie wäre es, wenn Sie den Geschehnissen offener und gewährender gegenübertreten könnten? Wenn Sie es annehmen könnten, dass alles seine Zeit hat? Wo immer Sie Schmerz und Verlust spüren, bitten Sie Ihre heilsamen Segenskräfte um Unterstützung und Hilfe durch ein Gebet.

12. Rauhnacht 5. Januar (Dezember) – Von der Dunkelheit zum Licht
Nun schließt sich der Zyklus der Rauhnächte, und auch die Schleier vor der geistigen Welt werden wieder dichter. Doch bevor dies geschieht, schreiben Sie alles auf, was Sie sich von ganzem Herzen wünschen. Dann bitten Sie Ihre spirituelle Segensinstanz um Hilfe, Schutz und stimmige Erfüllung zum Wohle aller. Wenn Sie mögen, nutzen Sie die verstärkenden Kräfte des Feuers mit seinem aufsteigenden Rauch dazu, indem Sie die guten Wünsche mit etwas Weihrauch, Rosenblüten oder Salbei verbrennen und so ins Universum geben. Räuchern Sie ein letztes Mal gründlich Ihre ganze Wohnung durch, zum Beispiel mit Salbei. Öffnen Sie Fenster und Türen, und lassen Sie um Mitternacht im Übergang vom 5. auf den 6. Januar den Dreikönigswind durch Ihre Wohnung ziehen und Sie segnen.

Es kann sehr schön sein, sich in dieser Zeit ein bisschen begleiten zu lassen, sei es durch ein Buch, CDs oder einen Kurs. Dies gibt meist dem eigenen

Erleben mehr Tiefe und Struktur. Aus diesem Grund habe ich in den Rauhnächten im Übergang von 2016 auf 2017 Nacht für Nacht mein eigenes Retreat für Sie aufgeschrieben, mit allen Übungen, Meditationen, Reflexionsanregungen, Beobachtungen und Ritualen, die ich für gewöhnlich durchführe, und in meinem Buch *Achtsam durch die Rauhnächte* zusammengefasst. Da mir selbst auch gesprochene Anleitungen sehr helfen, habe ich – angelehnt an mein Buch – zusätzlich noch einen Online-Audio-Kurs »Rauhnachts-Online-Audio-Retreat« produziert, in dem Sie jeden Tag von mir mit einer ungefähr halbstündigen Einheit durch die jeweilige Tagesqualität mit Meditation und Ritualvorschlägen begleitet werden. Wenn Sie gerne mitmachen möchten, dann finden Sie unter folgendem Link alle weiteren Informationen dazu: https://www.achtsamkeit-online-akademie.de/

Ich freue mich sehr, wenn wir diese Rauhnächte gemeinsam verbringen! Bis dahin verabschiede ich mich jetzt erst einmal bei Ihnen.

Es war mir eine große Freude und Ehre, dass ich Sie durch die Zeit bis hierhin begleiten durfte. Von ganzem Herzen wünsche ich Ihnen zauberhafte Rauhnächte und einen guten Übergang in ein gesegnetes freudvolles und gesundes neues Jahr. Mögen sich Ihre Wünsche wunderbar erfüllen.

Ihre Maren Schneider

Literatur

Jennie Appel, Dirk Grosser: *Öffne deinen heiligen Raum. Die Anderswelt persönlich begrüßen*. Darmstadt 2014.

Das Gedicht »Weihnachtssegen« mit freundlicher Genehmigung des Autors (www.dirk-grosser.de/2017/12/24/weihnachtssegen/)

Christine Fuchs: *Räuchern in Winterzeit und Raunächten. Heilkräftige Mischungen und Rituale*. Stuttgart 2012.

Valentin Kirschgruber: *Von Sonnenwend bis Rauhnacht. Feste, Bräuche und Rituale im Kreislauf des Jahres*. München 2015.

Maren Schneider: *Achtsamkeit für Einsteiger*. Buch mit CD. München 2016.

Maren Schneider: *Achtsam durch die Rauhnächte. Inspirierende Impulse zum Jahreswechsel*. Buch mit CD. München 2017.

Maren Schneider: *Seelenstärke. Der achtsame Weg zu unserer inneren Kraftquelle*. München 2018.

Zur Autorin

Maren Schneider ist eine der bekanntesten deutschsprachigen Autorinnen im Bereich Achtsamkeit, Meditation und Buddhismus mit jahrzehntelanger Übungs- und Lehrerfahrung. Sie ist zertifizierte Lehrerin für Stressbewältigung durch Achtsamkeit (MBSR) sowie für Achtsamkeitsbasierte Kognitive Therapie (MBCT) und führt ein eigenes Institut in Düsseldorf. Sie leitet Kurse, Retreats und Wochenendseminare und begleitet Menschen therapeutisch in Krisensituationen. Ihre tiefe Beschäftigung mit den Zyklen der Natur und des Lebens sowie altüberliefertes Heilwissen ergänzen ihre Arbeit.

Gruppen, Retreats, Wochenendseminare und Einzelarbeit:

Institut für Achtsamkeit Düsseldorf
Maren Schneider
Bahlenstr. 42, 40589 Düsseldorf
Tel: 0211-2204126
info@achtsamkeit-duesseldorf.de
www.achtsamkeit-duesseldorf.de

Online-Kurse der Autorin
Beispielsweise »Achtsam durch den Advent« und
»Achtsam durch die Rauhnächte«:

Achtsamkeit-Online-Akademie
Maren Schneider
www.achtsamkeit-online-akademie

Bezugsquelle für Räuchermaterialien
Ich persönlich beziehe meine Räuchermischungen von der liebevoll geführten Räuchermanufaktur Labdanum
Im Wäsemle 7, 71106 Magstadt
https://labdanum.de
Hier können auch Räucher-Kurse belegt werden.